Erschienen im
Jubiläumsjahr 1997
bei Klett-Cotta

W0179235

PETER PETER

Sizilien

Literarische Entdeckungen im Land,
wo der Teufel sein Weib nahm

Klett-Cotta

Glut ist Sicilien ganz!
(Ludwig I. von Bayern)

Inhalt

Vorwort

»Ich möchte die Heimat der Proserpina sehen und ein biß-
chen verstehen, warum der Teufel sein Weib in jenem Land
genommen hat«: Der Dichter Paul Louis Courier war einer
der ungezählten Fremden, die dem Mythos Sizilien, dem vul-
kanischen »Höllenland, das seine Bewohner verschlingt«
(Peter von Blois, 1215), verfallen waren.
  Doch an diesem Mythos haben die Sizilianer selbst kräftig
mitgestrickt. Antonino Buttita, 1933 in Bagheria geboren,
sieht in ihm die Möglichkeit, die unvereinten Extreme der
Insel zusammenwachsen zu lassen.

Jeder Sizilianer trägt in sich ein mythisches Bild der Insel
… Sizilien ist der brachliegende Großgrundbesitz, der
keine Zeit kennt, und es ist der pulsierende Lebensrhyth-
mus der Gärten, es ist das unverfeinerte, selbstgebackene
Brot, aber auch das erlesene Backwerk der Klöster, es ist
der mörderische Kampf um Besitz und die bis zur Ver-
schwendung getriebene Großzügigkeit, es ist die uner-
meßlich erniedrigende Arbeit der Tagelöhner, aber auch
der unbeugsame Stolz des Wagenbauers … weltabge-
schiedene Insel und Zentrum der Welt, ihre Bewohner,
die tolerant und großzügig, aber auch gewalttätig und
mafios sind, unverbesserliche Provinzler und gleichzeitig
Weltbürger.

Sicilia universale, eine »Weltinsel« mit soliden Wurzeln, eine
kulturelle Modellregion. Diese Dimension, dieser menschliche Reichtum Siziliens läßt sich bei einer touristischen Reise
anhand des üblichen Besuches von Sehenswürdigkeiten meist

nur erahnen. Doch die Fülle der Literatur, die diese Insel im Zentrum des Mittelmeeres seit jeher angeregt hat, kann Fenster öffnen, Einblicke im Zeitraffer geben: Von aufbegehrenden Frauen und heimgekehrten Gastarbeitern, von Platons politischen Projekten und der Wüstensehnsucht arabischer Hofpoeten, von Hirten und Eismachern, von der Liebe Friedrichs II. bis hin zur Mafia als philosophischem Phänomen. Ein sizilianisches Kaleidoskop, um auch den aktuellen Facetten dieses »Stückchens Abendland« (Marie Luise Kaschnitz) gerecht zu werden.

Zwei Literaturnobelpreise (1934 Luigi Pirandello; 1959 Salvatore Quasimodo) haben es lediglich bestätigt: *The Honour'd Island of Writers* (William Wordsworth) hat immer wieder Weltliteratur hervorgebracht: Bevor die Sizilianer als erste Europäer um 1080 auf Papier schrieben und nachher.

 *Die Mafia?*

Machen wir einen Krimi daraus!

Das kalabresische Huhn – Leonardo Sciascia und das sizilianische Universum – Die Mafia von den Latifundien zum Drogenbusiness – Giovanni Falcone: *Inside Mafia* – *La Sicilia che cambia?*

11

——————— In den Medien ist die Mafia längst ein Knüller geworden. Paten, dunkle Anzüge, schwarze Sonnenbrillen und blutige Abrechnungen sind telegen, und noch ein Krimi über die »Herren des Spiels« läßt sich auf den Bestsellerlisten immer unterbringen. Die Mafia wird vermarktet und mit ihr Sizilienklischees.

Auf der Insel selbst war die Mafia bis in die jüngste Vergangenheit eher kein Thema. Denn die Mafia ist nicht nur eine kriminelle Organisation, sie ist eine Geisteshaltung. Sie steckt auch in den Köpfen. *Omertà*, die sizilianische Tugend der Verschwiegenheit, galt nach weitverbreitetem gesellschaftlichen Konsens auch als probate Taktik, mit dem Phänomen Mafia umzugehen. Was einst Familien- und Sippenehre garantierte, hat lange auch die Verbrechen der Mafia gedeckt. Diese *omertà* reichte bis in den Staat selbst. So verkündete 1956 der Generalstaatsanwalt von Sizilien das offizielle Credo der regierenden *Democrazia Cristiana* (DC), daß es praktisch keine Mafia-Kriminalität mehr gäbe: *La mafia non esiste.* Auch sizilianische Schulbücher wußten bis in die 80er Jahre unter der Rubrik Mafia nichts anderes zu berichten als verstaubte Episoden des 19. Jahrhunderts im nostalgischen Dialekt. Luigi Malerba hat diese Sprachregelung in einer seiner genialsten Satiren verspottet:

Ein kalabresisches Huhn beschloß, Mitglied der Mafia zu werden. Es ging zu einem Mafia-Minister, um ein Empfehlungsschreiben zu bekommen, aber dieser sagte ihm, die Mafia existiere nicht. Es ging zu einem Mafia-Richter, aber auch dieser sagte ihm, die Mafia existiere nicht. So kehrte das Huhn in den Hühnerhof zurück, und auf die Fragen seiner Mithühner antwortete es, die Mafia existiere nicht. Da dachten alle Hühner, es sei Mitglied der Mafia geworden, und fürchteten sich vor ihm.

Nur wenige mutige Schriftsteller haben, als es noch nicht opportun war, die Existenz der Mafia zum Thema gemacht, sie in ihre Ambivalenz zwischen traditioneller Lebensform und Verbrechen analysiert. Nicht nur die Serie von Mafiamorden hat in den 80er Jahren die regierende Rechte gezwungen, das Problem zuzugeben, sondern auch das Engagement und die Aufklärungsarbeit von Dichtern wie Leonardo Sciascia oder Giuseppe Fava. Für letzteren, Herausgeber der kritischen Zeitschrift *I Siciliani*, wurde einer seiner Romantitel blutiger Ernst: *Bevor sie euch umbringen (Prima che vi uccidano)*. Man erschoß ihn 1984 vor seinem Theater in Catania.

Niemand hat so viel über die Mafia geschrieben, ja sie fast philosophisch analysiert wie Leonardo Sciascia (1921–1989). Ihr Zwitterdasein zwischen traditionellen, weit akzeptierten männlichen Werten der Selbstachtung und Durchsetzungsfähigkeit und ihrer kriminellen Energie gewinnt in seinem Œuvre eine fast pirandelleske Tragik. Denn fast jeder Sizilianer hat für ihn etwas von den »guten« Seiten der Mafia in sich und kann deswegen die Emanzipation von ihr nicht ohne Schmerz vollziehen. Er stellt sie als eine Art laizistische Erbsünde Siziliens dar, als das dualistische Prinzip des Bösen, ohne das das Gute nicht sein kann. So wird bei Sciascia die Mafia auch zu einer Lebensform, deren Dimension die sensationslustige Sichtweise modischer Mafiafilme weit überschreitet.

Trotzdem hat Sciascia bewußt häufig die Form des Kriminalromans gewählt. Seine Auseinandersetzung mit der Mafia verläuft weder in den Bahnen blauäugiger Empörung noch trockener Sozialanalysen, sondern mit der geschliffenen

Feder eines *homme de lettres*, der dem Genre neue Ausdrucksmöglichkeiten abgewinnt. Denn Romane wie etwa *Der Tag der Eule* (*Il giorno della civetta*, 1961) oder *Tote auf Bestellung* (*A ciascuno il suo*, 1966) sind nur vordergründig Kriminalgeschichten. Sie beginnen spannend – man merkt gar nicht, daß man plötzlich mitten in einer gesellschaftlichen oder politischen Analyse steckt. So wird man in *Tote auf Bestellung* durch den Plot an Sciascias These herangeführt, daß auch weite Teile des Klerus lange den Schulterschluß mit der Mafia, die immer ein Bollwerk gegen kommunistische Machtübernahme bildete, schätzten:

Der Apotheker wird erschossen. Auf dem Warnbrief hatte das Wort *Unicuique*, aus einer Zeitung ausgeschnitten, geklebt. Die Ermittlungen stocken. Aber der Lehrer, der Intellektuelle des Ortes, hat eine Idee. *Unicuique suum* (Jedem das Seine) steht als lateinisches Motto im Kopf des *Osservatore Romano*, der päpstlichen Tageszeitung. Und wer hält die schon in einem so kleinen Kaff? Der Lehrer beginnt, auf eigene Faust zu recherchieren, und gerät in eine tödliche Falle ...

Einsame Kämpfer auf fast verlorenem Posten, traurige Kommissare im Dürrenmattschen Stil, die den Don Quijote in der Schreibtischschublade haben, allein gegen die Mafia ... Sciascia kann zugleich spannend und engagiert schreiben, aber er ist weder ein Tendenz- noch ein Unterhaltungsautor. Immer ist das literarische Ethos spürbar, die Brillanz des Wortes. Etwa wenn er, der Liebhaber und Kenner der französischen, spanischen und patristischen Literatur und Eloquenz, bei den Exerzitien von *Todo Modo* ebenso geistreiche wie philosophische Tischgespräche mit Kirchenfürsten hinwirft, die den Leser am Ende mehr fesseln als der Mordfall.

Und schließlich ist Sciascia einer der besten Kenner der *Cose della Sicilia*, der Geschichte, Kultur, Sprache und des Brauchtums, der auch scheinbar entlegene Details zu einem schlüssigen Bild der *sicilitudine* zu verknüpfen weiß. So entsteht nebenbei eine Landeskunde ohne regionale Enge, die auch die spanischen und arabischen Facetten der sizilianischen Seele ausleuchtet. *Sicilia universale*, Modellfall Sizilien, auch um Lebensstrategien gegen Repression zu entwickeln. Denn in einem ist man sich einig: Der Kampf gegen die Mafia kann auf Dauer nur erfolgreich sein, wenn er von den Sizilianern selbst aufgenommen wird.

Das war auch das große Anliegen von Giovanni Falcone, vielleicht dem besten Kenner der Mafia, dessen Wissen in einem Interviewband mit dem Titel *Inside Mafia (Cosa Nostra)* niedergelegt ist. Als Vorsitzender Richter im Anti-Mafia-Pool, der den *maxiprocesso* zustande brachte, lebte er elf Jahre praktisch im Bunker, hinter Panzerglas und ohne je auszugehen (»ich bin lediglich ein Diener des Staates auf feindlichem Gebiet«). Seine Taktik war es, die Mafia erst verstehen zu lernen, um sie bekämpfen zu können.

Seine kluge Analyse der Mafia, mit deren Exponenten er fast täglich zu tun hatte und denen er als Sizilianer oft einen gewissen menschlichen Respekt nicht verweigern konnte, zeigt die Vielschichtigkeit des Phänomens auf. Einige seiner Thesen sind fast philosophisch-provokant:

Der häufige Kontakt mit den Ehrenmännern hat mir gezeigt, daß die Gedankengänge der Mafiosi alles andere als überkommen oder unverständlich sind … Manchmal erscheint es mir, als wären diese Mafiosi die einzigen rational denkenden Wesen in dieser Welt voll Verrückter …

In meinen melancholischen Stunden denke ich manchmal über das Schicksal der Ehrenmänner nach: Warum müssen sich Menschen, die ganz offensichtlich über enorme intellektuelle Fähigkeiten verfügen, eine kriminelle Welt aufbauen, um in Würde leben zu können?

Doch hat der Mafioso dabei etwas bewahrt, was den anderen Mitgliedern dieser Gesellschaft verlorengegangen ist: eine Kulturzugehörigkeit und Grundwerte.

In einer Welt, die ihre Orientierungswerte verloren hat, bewahren die Mafiosi ihre Identität.

Wenn man aber die Mafia wirksam bekämpfen will, darf man aus ihr kein Monster, keine Krake oder kein Krebsgeschwür machen. Man muß begreifen, daß sie uns ähnlich ist.

Ein Priester hört nie auf, Priester zu sein. Ein Mafioso ist immer ein Mafioso.

Am 23. 5. 1992 wurde unter der Autobahn in dem Moment, als das Ehepaar Falcone mit Konvoi vom Flughafen Punta Raisi nach Palermo fuhr, eine mit 600 kg Trotyl gefüllte Bombe gezündet. Falcones Auto wurde über hundert Meter durch die Luft geschleudert. Mit den beiden starben fünf Leibwächter. Das Staatsbegräbnis wurde zu einer eindrucksvollen Demonstration, einem Neuaufbruch Siziliens und seiner Menschen, die leben und nicht bloß überleben wollen. *La Sicilia che cambia* – Sizilien im Wandel?

Die Diskussion ebbt nicht ab. Was ist eigentlich die Mafia, was steckt hinter dem politischen Schlagwort? Ein erster Hinweis könnte aus der spanischen Literatur kommen. In *Cortadillo y Rinconete*, einer der »Exemplarischen Novellen«, läßt Cervantes zwei kleine Taschendiebe nach Sevilla kommen, wo sie vor den Patron der Verbrechergewerkschaft geschleppt und aufgefordert werden, gefälligst nicht auf eigene Faust zu handeln. Tatsächlich dürften die Verbrecherzünfte spanischer Barockgroßstädte, bei denen man alles bis zum Mord bestellen konnte, auch in Neapel und Palermo, den Hauptstädten des spanisch regierten Königreichs Beider Sizilien, Ableger gebildet haben.

Das eigentliche Aufkommen der Mafia aber geschah auf dem Land vor dem Hintergrund des Großgrundbesitzes. Der Adel verzehrte seine Einkünfte für gewöhnlich in der Hauptstadt, aus den Verwaltern aber, den unverzichtbaren Mittelsmännern vor Ort, wurden die »Urmafiosi«. Viel am Mafia-Codex läßt sich auf ihre Lebensform im 18. Jahrhundert zurückführen, auch wenn der Begriff *maffia* (dessen etymologische Wurzeln meistens im Arabischen gesucht werden) sich erst nach 1860 einzubürgern begann. Diese Verwalter und ihre waffentragenden Aufseher standen Massen entrechteter Landarbeiter gegenüber, eine potentiell explosive Situation, die nur durch die strengste Ahndung von Widersetzlichkeiten entschärft werden konnte. Außerdem mußten sich die Verwalter im Notfall aufeinander verlassen können. Andererseits galt ihr Trachten in dieser polarisierten Gesellschaft der Position der Adeligen, deren fast ungenutzte Herrenhäuser ihnen ständig vor Augen standen. Korpsgeist, Ehrenstandpunkt, die Schonung der Frau entstehen aus der Nachahmung adliger Benehmensformen. Tatsächlich beansprucht auch die heutige Mafia im Prinzip feudale Privilegien in einem demokratischen Rechtsstaat, die sie natürlich nur illegal-parasitär durchsetzen kann.

Die große Stunde dieser Schicht schlug 1860. Mit Garibaldis Invasion verlor der bourbonische Adel Macht und oft auch Geld und Güter. Die Mafiosi waren plötzlich ganz oben, traten als Käufer oder Politiker auf. Der Pächter Sedara in Tomasi di Lampedusas *Leoparden* ist ein typisches Beispiel dieses Aufstiegs. Dabei erfreuten sie sich in der halbkolonialen Situation der italienischen Einigung weitgefächerter einheimischer Sympathien. Die volkssprachige Wortbedeutung *mafiusu*, nämlich jemand, der sich nicht auf der Nase herumtanzen läßt, kam im Streit mit oft arroganten piemontesischen Beamten zur Geltung. Die Mafia gewann eine nationalsizilianische Qualität, wurde zur Beschützerin der Insel. In diesem Sinne ist es zu verstehen, wenn der italienische Ministerpräsident Orlando, ein Sizilianer, am Vorabend des Ersten Weltkriegs sich rühmte, Mafioso zu sein, und das sizilianische Lieblingsstatement anfügte, daß man außerhalb der Insel sowieso nicht fähig sei, die Mafia zu verstehen.

Diese traditionelle, autoritär-patriarchalische Mafia wurde durch den Faschismus gründlich umgekrempelt: Unter dem »eisernen« Präfekten Mori wurden leitende Mafiosi auf Inseln konfiniert oder wanderten gleich nach Amerika aus. Dort gewann die Mafia ihre neue Qualität: Profis des Verbrechens als Business. Die sizilianischen Emigranten, zunächst weit unten in der multikulturellen Prestigeskala, hatten oft gar keine andere Wahl, im Dschungel der Großstädte zu überleben. Und traditionelle sizilianische Tugenden wie Familienzusammenhalt und Männerfreundschaft erwiesen sich auf einmal auch als solide Basis zur Gründung einer *gang*. In den 20er und 30er Jahren verdrängten Sizilianer in den USA rivalisierende Gruppen weitgehend aus den einträglichen Bereichen Glücksspiel und Prostitution und verdienten sich eine goldene Nase an der Prohibition. Im Zweiten Weltkrieg handelten einige Bosse einen gigantischen Deal mit den amerikanischen Behörden aus: Straffreiheit gegen Hilfe bei der alliierten Landung 1943 in Sizilien. Als das geklappt hatte, suchten die Amerikaner ausgewiesene Antifaschisten und fanden sie in den Mafiosi, die sie als Bürgermeister einsetzten.

Damit begann die politische Polemik. Für die Linke hat die Mafia Sizilien bis in die frühen 90er Jahre praktisch regiert, für die christdemokratische Rechte gab es offiziell gar keine. Unbestreitbar gab es aber politischen Filz, der mit Stimmenkauf, Mord- und Morddrohungen bei Ausschreibungen aus dem Rahmen fiel. Erst in den 80er Jahren setzt, ausgelöst durch die Ermordnung des reformorientierten christdemokratischen Ministerpräsidenten Piersanti Mattarella, eine deutliche Entfremdung zwischen wertkonservativen bürgerlichen Kreisen der sizilianischen Gesellschaft und einer immer skrupelloser werdenden Mafia ein. Das Phänomen der *pentiti*, der reuigen Kronzeugen wie Tommaso Buscetta, die den *maxiprocesso* 1986 erst ermöglichten, zeigt, daß die *onorata società* tatsächlich Ehrenmänner in ihren Reihen hatte, die die Perversion der Mafia zu einem eiskalten Drogengeschäftsunternehmen nicht mehr nachzuvollziehen gewillt waren. Demonstrationen Ende der 80er Jahre oder eine Protestwahl wie die von Leoluca Orlando zum Bürgermeister von Palermo brachen die Immobilität des offiziellen Sizilien auf. Die Mafia, in die Enge getrieben, schlug brutal zu, ermordete 1992 die wichtigsten Ermittler des staatlichen Anti-Mafia-Pools, die Sizilianer Giovanni Falcone und Paolo Borsellino. Die Illusion von der *Pax Mafiosa* war endgültig zerbrochen. Aber die Empörung über diese Morde stürzte, ebenso wie die Ermittlungen der Mailander *Mani-Pulite*-Richter, letzten Endes eine ganze Republik, in der sich mafiöser Politikstil immer weiter ausgebreitet hatte. Giulio Andreotti, mehrmaliger Ministerpräsident, Senator auf Lebenszeit, führender Repräsentant dieser Epcohe, steht seit 1995 in Palermo wegen Mafiaverdacht vor Gericht. Inwieweit sich die Mafia auch mit den neugebildeten Parteien Italiens arrangieren kann, bleibt abzuwarten. Erste Anschuldigungen werden jedenfalls öffentlich geäußert.

Tour

Die größte Taktlosigkeit, die man begehen kann, ist, jeden einheimischen Gesprächspartner gleich mit der Mafia zu behelligen. Auch schon deshalb, weil in Italien mit der Mafiamasche manches böse Vorurteil gegen den Süden kaschiert wird, das mit ihr nichts zu tun hat.

Für den Touristen gilt die *Pax Mafiosa* nach wie vor. Bis auf die – letzten Endes harmlose – Kleinkriminalität von Palermo und Catania ist Sizilien ein sicheres Land, in dem der Fremde in allen sozialen Schichten als Gast geachtet wird.

Spuren der Mafia sind überall zu finden: landschaftszerstörende Grundstücksspekulation, aufwendige, überflüssige Bachbettverbauungen oder in die »Wüste« gesetzte Industrieruinen. Vielleicht denkt man auch darüber nach, daß Sizilien zwar die wohlschmeckendsten Apfelsinen und Zitronen produziert, ihr Saft aber irgendwo in Norditalien abgefüllt wird. Sicher, dort sitzt die Großindustrie, aber zu einem gewissen Grad auch deswegen, weil unternehmerischer Elan im Süden oft vor Schutzgeldforderungen kapitulierte. Da wird man lieber gleich Advokat oder Beamter.

Wer Spektakuläreres sehen muß, kann am Hafen von Palermo den ungefügen Block des *Ucciardone*, des bourbonischen Gefängnisses mit dem Hochsicherheitstrakt *Aula Bunker*, umfahren. Hier, wo der *maxiprocesso* stattfand, sitzen einige der inzwischen gefaßten Mörder Falcones ein.

 *Frauen im Schatten?*

Frauenbilder im Lande der Muttergottheiten

Der Balkon als Fenster zur Welt – *Ich wollte Hosen* –
Die Philosophie der Bagherianer –
Donne Antimafia und teuflische Mütter – Der Blick zurück

_____ Es ist keine zwanzig Jahre her, daß Ann Cornelisen die Position der Frauen in der Gesellschaft folgendermaßen erlebte:

In der *formellen* Situation werden die süditalienischen Frauen alles tun, das Image zu bestärken, das ihr Mann von sich selbst gegeben hat, und sie würden nie seine Vorrangstellung innerhalb der Familie in Zweifel ziehen. »Was er gesagt hat, ist richtig.« Oder: »Fragen Sie das nicht mich, fragen Sie ihn!« Das sind die einzigen Antworten, die man aus ihnen herausbekommt, und dann sitzen sie da, mit ausdruckslosen Gesichtern, und kreuzen die Hände im Schoß. Ich habe erlebt, wie eine Witwe, deren Leben ich sehr gut kannte, einem Interviewer überzeugend und mit feierlicher Ehrlichkeit sagte: »Nein, ich würde nie etwas tun, was meine Mutter nicht billigen würde … In den Zehn Geboten steht doch: Ehre deinen Vater und deine Mutter: Es besteht kein Grund, daß jemand herausfindet, was in der Familie vor sich geht.« Dabei blickte sie ganz unschuldig, aber ich wußte, daß sie vor fünfundzwanzig Jahren das Sagen in der Familie übernommen hatte.

Reisende früherer Jahrhunderte umgaben die *Donne di Sicilia* gern mit einem orientalischen Schleier. Traditionell lebten sie zurückgezogener als ihre Geschlechtsgenossinnen auf dem Festland. Der Öffentlichkeit zeigte sich eine Frau nur bei Kirch- und Friedhofsgang, bei Prozessionen und Festen und, wenn sie arm war, auch zur Arbeit. »La Siracusana«, eine

Kurzgeschichte »aus der guten alten Zeit« von Giuseppe Antonio Borgese (1882–1952), dem Schwiegersohn Thomas Manns, schildert eine erste Knabenliebe und die Tragödie einer betrogenen Ehefrau, die »nichts im Leben hatte«:

Dann zeigen sich die Frauen aus dem Volk an den Türen der *Bassi* auf der Höhe der Straße. Sie öffnen die Augen, als ob sie erwachten. Sie heben die Brauen wie Jalousien über die Augen, schmerzlich und schmerzlos, voll von Dunkelheit und gelber Glut, von unentzifferbaren Tränen wie von Tieren. Wenn sie jemand von drinnen ruft, antworten sie, drehen den Hals, mit einer Stimme, die nach einer Nänie klingt. Weiter oben entriegeln sich die Balkone. Es erscheinen die Signoras, sie grüßen sich und schwatzen, monoton, unaufhörlich, von einem Balkon zum andern. Aber wenn sie sich mit dem Ellbogen auf das Gitter stützen, halten sie ihren Körper zurück; wenn sie sich hinsetzen, streichen sie als erstes das Kleid über den Stiefeletten zurecht, aus Angst vor denen, die beim Vorübergehen auf der Straße die Augen heben könnten. Insbesondere müssen die darauf achten, die auf Balkonen mit Gitterbogen stehen: Niemals passiert es, daß eine, abgelenkt, ihren Fuß auf das Gitter setzt.
Die Frauen von Megara leben in dieser Stunde, zwischen Sonnenuntergang und Abend; wie die Winden, die in der Dämmerung aufblühen.
Dann ist es Nacht. Wiegenlieder in den *Bassi*; oder Zänkereien; aber die Stimme der Frau ist bald unterdrückt; und, ein wenig später, schweigt auch die des Mannes. Aus den Häusern der *Signori* hört man nichts; denn sie haben dicke Mauern wie die Strafanstalten ...
Ich liebte sie, gewiß, bevor ich wußte, was die Liebe sei. Ich fand einen Weg, fast jeden Tag dort vor dem Balkon der *Siracusana* zu sein, zu der Stunde, da sie ihn öffnete, wie eine Königin erscheinend. Aber es gab keine Menge

auf der Straße, der sie sich hätte zeigen können; es war niemand da als ich. Es gab nicht einmal andere Balkons, neben oder gegenüber von ihrem, mit anderen Frauen zum Reden – wie es alle Signoras von Megara zu dieser Stunde taten. Sie sah nur Gärten und einen Streifen Meer ...

So sah ihn die Frau; und da sie nichts im Leben hatte – nicht einmal Nachbarinnen zum Schwatzen vom Balkon am Abend –, beschloß sie zu sterben. Sie vertraute sich niemandem an. Sie schrieb nichts (sie konnte kaum schreiben) ...

Heute gehen Frauen in Sizilien mit solchen Situationen anders um. Sie können schreiben. Lara Cardella aus Licata in der tiefsten Provinz hat als Neunzehnjährige die Mehrzahl der Sizilianer und Sizilianerinnen mit ihrem Erstling *Ich wollte Hosen (Volevo i pantaloni)* provoziert. Darin erzählt sie mit frischer Ironie den Leidensweg einer Heranwachsenden, die davon träumt, ihr eigenes Leben leben zu wollen. Sinnbild dieser Selbstverwirklichung und Freiheit sind die *pantaloni*, die Hosen. Allein, ohne geringsten seelischen Kontakt zu den Eltern, vesucht sie, mit der tumben Arglosigkeit einer pikaresken Törin herauszufinden, wann man sie tragen darf. Der erste und traditionelle Versuch der Emanzipation, Nonne zu werden, erweist sich als Mißverständnis. Der zweite, sich wie ein Mann zu benehmen, scheitert, als sie durch ein Pornoheft, das ihr der Bruder zeigt, erfährt, daß sie anders gebaut ist als ein Mann. Der dritte Versuch fällt mit ihrer Menstruation zusammen:

Ich fühlte mich in keiner Weise verändert. Außerdem war mein Busen gar nicht größer geworden; die Büstenhalter, die mir die verschiedenen Tanten traditionsgemäß geschenkt hatten, wurden in die Truhe verbannt, wo schon die Aussteuer bereitlag, seit ich fünf war. Die einzige Neuigkeit war, daß mich wieder der Wunsch gepackt hatte, Hosen anzuziehen.

Ich trug diese Bitte meiner Mutter vor, und ihre unschuldig gegebene Antwort revolutionierte mein Leben einer Heranwachsenden. Sie sagte zu mir: »*I pantaluna falli purtari e masculi e buttani.* Hosen laß mal Männer und Nutten tragen.«

Weil ich kein Mann werden konnte, beschloß ich, Nutte zu werden.

In Sizilien stieß das Buch und die kritische Medienpräsenz der Autorin teilweise auf empörte Ablehnung, die bis hin zu handfesten beruflichen Nachteilen für ihre Eltern führten. Nestbeschmutzung, hieß es da, Wasser auf die Mühlen der zahlreichen Sizilienverächter, deren Vorurteile nur noch bestätigt würden. Tatsächlich wird an sizilianischen Empfindlichkeiten gekratzt: Die Dialoge, in Sizilianisch in das Hochitalienisch eingefügt, verheißen meist nichts Gutes, sie sind die Sprache der Unterdrücker. Der einzige Zufluchtspunkt, wohin ein anständiger Mensch sich wenden kann, ist die norditalienisch geprägte Familie ihrer Freundin Angelina. Aber man muß zugeben, daß auch die Hoffnung auf Italien in Sizilien Tradition hat: Die permanente Emigration der Intellektuellen nach Mailand und Turin ist auch ein Versuch, mit Hilfe der Nation der regionalen Enge zu entfliehen. Selbst Sciascia, Sizilianer mit Leib und Seele, sprach vom Mythos des Kontinents und von Italien und der italienischen Sprache als Traum der Gerechtigkeit, als Utopie einer besseren Gesellschaft. Der Sizilianerin die gleichen Freiheiten selbstverständlich zuzugestehen wie der »Kontinentalin«, gehört dazu.

Lara Cardellas Buch, das Unterdrückungen mit unschuldiger Anmut zu erzählen weiß, ist den Idealen des Individuums verpflichtet. Ein Land, das solche Bücher hervorbringt, beweist seinen unveränderten Rang als moderne europäische Kulturnation, in der der Pluralismus der Meinungsvielfalt auch für die Literatur gilt, in dem offen diskutiert wird. Der Stolz der Sizilianer wird lernen müssen, auch mit negativen Sizilienbildern umzugehen, statt sie zu verdrängen. In einer nicht näher definierten Vergangenheit spielend, stellt Lara Cardellas Debüt natürlich nicht *die* Sizilianerin *per se* dar, sondern einen geistreichen Versuch pubertärer weiblicher Selbstfindung.

Überhaupt scheint die Vergangenheit die sizilianische Frauenliteratur mehr zu beschäftigen als die Gegenwart. Dacia Maraini, kosmopolitische Feministin mit adeliger sizilianischer Mutter und Lebensgefährtin Moravias, erinnert sich an ihre Kleinmädchenzeit in der Barockstadt Bagheria bei Palermo.

In dieser Wohnung mit den Zwergenzimmern war es, daß mein Vater eines Tages mit einer Wäscherin, die schon beinahe achtzig Jahre alt war, allein zurückblieb. Am nächsten Tag kam der Ehemann der Wäscherin und verkündete grollend, seine Frau könne in Zukunft nicht mehr bei uns arbeiten, weil wir sie mit einem Mann »alleingelassen« hätten. Was sollten denn die Leute davon denken?
Wenn eine Frau, ganz gleich ob schön oder häßlich, jung oder alt, mit einem Mann alleinblieb, so verlor sie ihren guten Ruf. Sie war kompromittiert. Man nahm eben an, daß ein Mann, gleich, ob schön oder häßlich, jung oder alt, auf alle Fälle versuchen würde, sie zu verführen, den alten Spielregeln des Geschlechterverhältnisses entsprechend. Der Wille der Frau hatte dabei absolut kein Gewicht. Ein Einwand der Frau gegen die männliche Begierde war ganz einfach nicht vorgesehen. Daher kam das Einverständnis der Frau, sich mit einem Mann allein in einem Raum aufzuhalten, einer Aufforderung zur Vergewaltigung gleich ...
Da in jedem männlichen Körper der obligatorische Drang zur erzwungenen »Inbesitznahme« des weiblichen

25

Körpers steckt, ist der Mann für den Mißbrauch nicht verantwotlich. Es überkommt ihn vielmehr wie ein Schicksal, von dem Augenblick an, wo er in seiner Hose die Fahne aufstellt. Dies ist die Philosophie der Bagherianer.

Die Sanktionen, mit denen die Zurückgezogenheit der Frau einst erzwungen wurde, waren Kontrolle durch die eigenen Geschlechtsgenossinnen, Furcht vor Ansehensverlust und eine Atmosphäre potentieller sexueller Gewalt gegenüber nichtbegleiteten Frauen. Diese starre, einengende, aber geregelte bäuerlich-archaische Lebensform, die einst für die Einhaltung fester Rollen von Frauen und Männern sorgte, liefert aber schon längst keine adäquate Beschreibung sizilianischer Lebensformen mehr. Das moderne Sizilien, Land der Auswanderer und Rückkehrer, des Wirtschaftsbooms der Nachkriegszeit, des freien Informationsflusses, erstrebt individuelle Lebenswege wie im übrigen Europa. Dabei werden andererseits gerade in die Frauen als Mütter, als Kraftpole der Familien, als Intellektuelle und Politikerinnen große Hoffnungen gesetzt. Durch ihre immer stärker werdende öffentliche Präsenz, durch ihr Engagement könnte Sand ins Getriebe des Teufelskreises von Mafia, Wirtschaftsverhinderung und Drogenhandel kommen, durch die *Donne Antimafia* könnte die sizilianische Gesellschaft reformiert und produktiv werden. Giovanni Falcone hat diesen Antagonismus formuliert:

Ich schließe daraus, daß die Frauen, die in der Vergangenheit höchst selten eine maßgebliche Rolle im Leben der Mafiosi gespielt haben, zumal der Mafiosi mit der matriarchalischen Familienstruktur, in der die Frau zwar nie informiert wurde, aber alles wußte und schwieg, zufrieden waren, jetzt auf einmal eine entscheidende Rolle zu spielen beginnen. Sie gewinnen an Einfluß und

Selbstbewußtsein, symbolisieren all das Lebendige, Fröhliche und Schöne im Leben und stehen im krassen Gegensatz zu der finsteren, tragischen, verschlossenen Welt der Cosa Nostra, in der man ständig auf der Hut zu sein hat.

Frauen in der sizilianischen Literatur: Manchmal scheint es, daß sie, auch wenn heute vieles, ja fast alles anders ist, an einer Art Erblast leiden. Denn immer wieder kreisen die Bilder darum, wie es einmal war, als Frauen schwiegen und dafür, wenn sie stark waren, auf andere Art Macht ausübten. Fast zu einem feindlichen Element, zur drohend bewahrenden Übermutter, die den Familienegoismus symbolisiert, werden sie bei Leonardo Sciascia.

> Viel Unglück, viele Tragödien im Süden sind von den Frauen ausgelöst worden, vor allem wenn sie Mütter wurden. Den Frauen Süditaliens haftet dieses Schreckli-che an. Wie viele Ehrendelikte wurden von den Frauen provoziert, angestiftet! ... Unter Berufung auf einen schrecklichen sozialen Konformismus waren sie zu den schlimmsten Schandtaten fähig, um sich für die quälen-den Schikanen zu rächen, unter denen sie in ihrer Jugend gelitten hatten.

Frauen im Kopf von Männern, die Großen Mütter der Mütterinsel Sizilien zu Racheengeln, zu »Teufelinnen des Südens« (Leonardo Sciascia) mutiert, die mütterdominierte Familie als Keimzelle der Mafia! Archaische Verhältnisse, die aussterben, aber noch nicht ganz ausgestorben sind, sondern immer noch Presseschlagzeilen machen. Da war beispiels-weise der Fall Rita Atria aus Partanna, die nach der Ermor-dung ihres Vaters und Bruders zur *pentita* wurde, gegen die örtliche Mafia aussagte. Der Staat brachte sie nach Rom in Sicherheit, aber als sie von der Ermordung Borsellinos erfuhr, stürzte sie sich in einem Verzweiflungsanfall aus dem Fenster. Ihre Mutter erschien nicht zum Begräbnis, aber ein paar Tage später zerschlug sie Grabstein und Bild ihrer Tochter, der Verräterin, mit dem Hammer.

Sicher eine Ausnahme. Viele Sizilianerinnen werden sich in den abgedruckten Texten überhaupt nicht wiedererkennen. Die meisten leben heute wie anderswo auch, mit normalen Problemen des Alltags beschäftigt, wenn auch Tankwartin oder Kellnerin anders als in Norditalien keine Frauenberufe sind, was wiederum auch mit der Arbeitslosigkeit zu tun hat. Persönlichkeiten wie die Verlegerin Elvira Sellerio, die Antimafia-Fotografin Letizia Battaglia oder die Journalistin Anna Maria Cutrufelli, die ihre Frauenromane schon lange nicht mehr an Sizilien festmacht, sind Vorbilder, aber keine Alibifrauen mehr. Daß die meisten Bücher von sizilianischen Frauen und über sizilianische Frauen trotzdem fast manisch ihre Unterdrückung aufarbeiten, ist nicht nur Verdienst feministischer Betrachtungsweisen. Es ist auch das Entsetzen derer, die aufgewacht sind.

Rossana Rossanda hat den Wandel der Bilder in treffende Worte gekleidet:

Die gebeugte, schwarzgekleidete Gestalt mit dem schwarzen Kopftuch, die »Mamma« auf der Schwelle des Hauses, ganz Familie und Kirche, das sind Raritäten, die man fotografieren sollte, bevor sie verschwinden.

Der Garten Sizilien

Vergessene arabische Poesie

Die große Oase – Palermitanische Moscheen – Allah in Noto – Palmen von Palermo –
Ein Mädchen mit Gazellenkörper – *Arab Revival* – Eine Leopardin im Harem

Mit einem tödlichen Fußtritt, den der arabisch sprechende Orientfreund Friedrich II. dem sich unterwürfig nahenden Rebellenführer Ibn-Abbad, genannt Mirabetto, 1225 in Agrigent versetzte, endete die politische Präsenz der Araber in Sizilien. Sechzehntausend Muslime wurden ins apulische Lucera ausgesiedelt, wo sie, isoliert und von päpstlichen Edikten verfolgt, zwangsläufig zur treuesten Leibgarde des Kaisers und seiner Söhne wurden. Die allerletzten islamischen Araber Siziliens, halbverhungert in Höhlen als Briganten ihr Dasein fristend, gaben 1243 auf.

Damit endete eine der fruchtbarsten und für die Physiognomie Siziliens prägendsten Epochen, die 827 mit der Landung von zehntausend Arabern, Berbern, Andalusiern und Persern unter Asad ibn al-Furat in Mazzara del Vallo begonnen hatte. Nach einem Jahrhundert war ganz Sizilien in den Händen aghlabidischer Statthalter, die sich 948 von Kairuan lösten und zu selbständigen Emiren erklärten (Kalbitendynastie). Auch wenn das Bergland um Messina seine griechische Identität zu wahren wußte, der Rest der Insel wurde zutiefst arabisch durchdrungen. Gut hunderttausend Einwanderer, emsige nordafrikanische Oasenbauern, brachten die verfallenen Bewässerungssysteme in Ordnung und machten Sizilien nicht nur wieder zu der Kornkammer, die es schon in der Antike gewesen war, sondern zur »großen Oase«, zu einem einzigen Garten. Die Orangenhaine um Palermo, die Artischockenfelder bei Cerda, die Mandeln von Agrigent und die Aprikosenbäumchen am Ätna, Zuckerrohr, Reis, Maulbeerbäume und Melonen sind von maghrebinischen Fellachen eingeführt worden.

Und dann Palermo selbst, ab 831 die neue Hauptstadt Siziliens, die den byzantinischen Statthaltersitz Syrakus ablöste. Die zentralste Metropole des Mittelmeers, über die der Reichtum und Lebensluxus des Orients und der asiatischen Handelsstraßen auf die Insel strömte. *Bulirmi* im 10. Jahrhundert, das war nach den ebenfalls maurischen Córdoba und Sevilla die größte Stadt »Europas« mit hunderttausend Einwohnern, deren Märkte und Moscheen selbst einen weitgereisten Mann wie Ibn Hauqal aus Bagdad 972 staunen ließen:

In der Stadt gewahrt man eine erhebliche Menge von Moscheen, desgleichen in der Kalsa und in dem sie umgebenden Stadtteil, hinter welchem eine Mauer aufsteigt. Diese Moscheen, die mehrenteils sehr besucht sind und mit ihren Dächern, Mauern und Toren emporragen, belaufen sich auf mehr als dreihundert ... Eines Tages, als ich mich in der Nachbarschaft des Hauses des Rechtsgelehrten Abu Muhammed el Caffi befand, erblickte ich von seiner Moschee aus in der Entfernung eines Bogenschusses etwa zehn weitere Moscheen vor mir, die eine der anderen gegenüber und gegenseitig durch eine Straße getrennt waren. Ich fragte nach dem Grund hiervon, und man gab mir zur Antwort: hier wolle aus übermäßigem Stolz jedermann eine ausschließlich für ihn und seine Familie bestimmte Moschee haben. Es käme nicht selten vor, daß von zwei Brüdern, welche in aneinanderstoßenden Häusern wohnten, ein jeder sich eine Moschee erbauen ließe, um sie allein für sich zu haben ... denn jedermann hatte die Passion, daß man von ihm sagen sollte: »Das ist die Moschee, welche dem oder dem und zwar ausschließlich ihm gehört.«

Erhalten ist davon keine einzige, bis auf den Nebenraum der normannischen Kirche *S. Giovanni degli Eremiti*, dessen banaler viereckiger Grundriß (die Mekkanische, der *Mihrab*, ist verschwunden) gegenüber dem entzückenden Kreuzgang wenig zu bieten hat. Und vom Dom von Palermo weiß man, daß er auf den Trümmern der großen Freitagsmoschee (die ihrerseits das Areal einer byzantinischen Kirche okkupiert hatte) aufgeführt wurde. Denn als die normannischen Ritter und Abenteurer das blühende, doch untereinander zerstrittene Sizilien 1061–91 einnahmen, brannten viele Moscheen und Häuser: eine Art Auftakt zum ersten Kreuzzug.

Bis zu einer halben Million Muslime, etwa die Hälfte der Bevölkerung, sollen damals auf der Insel gelebt haben. Viele flohen in islamische Bruderländer, nach Spanien, Ägypten, ins Maghreb oder bis in den fernen Jemen. Zur bedeutendsten Stimme dieser sizilischen Diaspora wurde Ibn Hamdis (1055–1133) aus Noto, der Stadt, die sich 1091 als letzte den Christen ergeben hatte. Ein Wanderleben führte ihn als Hofdichter nach Tunesien, Algerien und nach Sevilla, bis er 1133 auf der damals noch arabischen Insel Mallorca starb. Einer der vielen Sizilianer im Exil, der seine Heimat nicht vergessen kann:

Allah wache in Noto über ein Haus,
Und geschwellte Wolken sollen sich über es ergießen!
Zu jeder Stunde ist es da in meinem Denken,
Und für es quellen die Tropfen rinnender Tränen.
Mit dem Heimweh des Sohnes seufz ich nach dem Heimatland,
Ersehnend die Alkoven seiner schönen Frauen.
Wer von der Erde schied, wo er die Seele ließ,
Der sehnt sich so, zurückzukehren mit dem Leibe.

Allah hat nicht über das Haus gewacht, ganz Noto wurde beim Erdbeben 1693 zerstört. Für die mondäne Orientalistin Vittoria Alliata, Fürstin von Villafranca, die gattopardesk über den *Harem, die Freiheit hinter dem Schleier* schrieb, ist das Morgenland dennoch in Noto präsent geblieben.

Daß ich mich in Noto verlieben würde, war unausweichlich …

Dann, hinter den Kaskaden von Kuppeln und Campanili, von Giebeln und Balustraden, von feierlichen Portalen und gewaltigen Mauern, über die rigorosen Schachbretter der Kiesel und Pflastersteine hinaus, jenseits der szenographischen Prunktreppen und der Gärten *all'italiana*, entdeckte ich, hinter dem barocken Noto, das arabische. Und als ich eines Morgens, am Ende einer unerforschten Seitengasse, auf Mandeln stieß, die, ausgebreitet, in der Sonne trockneten wie in Aleppo die Pistazien, da hatte ich keinen Zweifel mehr: Noto war schön, weil seine Vergangenheit in seiner Bevölkerung lebte, auch wenn der Tuff bröckelte …

Nicht alle Moslems flohen, denn die Normannen hatten Gründe, sich mit den einheimischen Arabern zu arrangieren. Sie verliebten sich bald in die verfeinerte arabische Kultur und Zivilisation, sie schätzten das arabische Fiskalsystem, das regelmäßig Steuereinkünfte abwarf, von denen andere Staaten nur träumen konnten, und sie waren auf Dauer zu wenige (es gab schätzungsweise nur sechstausend Normannen auf Sizilien), um nicht auf Kooperation zu setzen. Jedenfalls verwendeten die Normannenkönige islamische Beamte, mit denen sich der aufmüpfige eigene Adel aushebeln ließ, sie genossen das Wohlleben, das der umgebaute Emirspalast (heute Normannenpalast in Palermo), der Harem und *Tiraz*, die arabische Hofmanufaktur, zu bieten hatten, und sie liebten die arabische Poesie ihrer Hofdichter wie Abd-ar Rahmân, nach seiner Heimatstadt Trapani *al-trabanishi* gerufen: König Rogers Lustschloß Favara, heute eine unansehnliche Ruine am östlichen Stadtrand von Palermo, inspirierte ihn zu einem Idyll alter beduinischer Wüstensehnsucht nach frischem Wasser:

Favara mit den zwei Seen, alles, was man
ersehnt, ist in dir; linder Blick und wundersames Schauspiel.
Deine Wasser fließen in neun Bächlein:
Oh wie schön die geschiedenen Ströme!

Wo deine Seen sich treffen,
da lagert die Liebe, und auf deinem
Bette macht es sich die Passion bequem.

Es scheint, als ob die Bäume Äste reckten,
Um die Fische des Wassers zu sehen und zu lächeln.
Sanft schwimmt der Fisch in klaren
Wogen, die Vögel zwitschern in des Parkes Wiesen.

Die stolzen Orangen der Insel scheinen
brennendes Feuer auf Smaragdruten.

Die Zitrone scheint blaß
wie ein Liebender, der die Nacht
sich härmend aus Sorge um die ferne Geliebte verbracht.

Und die zwei Palmen scheinen zwei Liebende,
die aus Furcht vor Feinden sich
zu starker Wehr beschirmen;
oder, angegangen, sich kerzengerade aufrichten,
den Ankömmling und seine bösen Gedanken zu verwirren.

Palmen von Palermo, euch
erfrisch ewiger Regen und
reichlicher Tau!

Gedeiht mit Allahs Hilfe,
Gebt Liebenden Asyl; in
eurem sichern Schatten leb die Lieb in Frieden!

Wie die einen französischen Dialekt sprechenden Normannen ihre Edikte dreisprachig (Latein, Griechisch, Arabisch) herausgaben, so favorisierten sie auch einen Kunststil, der aus den drei Kulturen schöpfte. Die fesselndsten arabischen Kunstwerke sind zu einer Zeit entstanden, als die Insel schon normannisch war, ja die Künstler, ähnlich wie die spanischen *Mudéjares*, vielleicht schon ihren islamischen Glauben abgelegt hatten. Die einzigartige hölzerne Stalaktitendecke mit den typischen prismenartigen *muqarnas*, die die Cappella Palatina, die Krönungskapelle der Könige von Sizilien, schmückt, ist mit Schachspielern bemalt, der Dom Palermos trägt fatimidische Zinnen, die eingelegten Säulen im Kreuzgang von Monreale funkeln in bunten Emailmosaiken nach Art des ägyptischen *Opus Alexandrinum. S. Cataldo* oder *S. Giovanni degli Eremiti* mit roten Kuppeln unter Palmen evozieren Bilder märchenhaften Orients: Zwei christliche Kirchen, eine für den irischen Schutzpatron von Tarent, die andere für den Täufer. Und vielleicht denkt man in der Zisa (arab. *aziz* = prächtig), dem Sommerschloß Wilhelms I. (1165–67 erbaut) mit Stalaktiten-Nischen und arabischem Paradiesbrunnen, an die Träumereien von Ferdinand Gregorovius in seinen *Wanderjahren in Italien* (1854):

Es ist Land, Licht, Luft und Meer des Orients, und blickt man von der Zisa in die Gärten hinunter, so möchte man wähnen, es sollten nun daraus hervorkommen schöne arabische Mädchen mit Mandolinenschall, und langbärtige Emire im roten Kaften, mit gelben Schuhen. Man könnte hier wahrlich zum Leben ausreichen mit der Weisheit des Koran und der des Hafis.

Bis ins ferne Schottland trugen Normannenarchitekten arabische Details wie die Zick-Zack-Bänder über den Portalen nordafrikanischer Moscheen. Und auch der Krönungsornat der Kaiser des Heiligen Römischen Reiches Deutscher

Nation, der in Wien aufbewahrt wird, ist zum Teil arabisch: Die Dalmatika, der festliche Krönungsmantel, wurde vom *Tiraz* in Palermo, von arabischen Künstlern gewoben.

Der Kreis schließt sich. Friedrich II. schrieb die ersten Gedichte in italienischer Sprache. Ob der »Sultan von Lucera« dabei – wie in italienischen Schulen gelehrt – wirklich nur ritterlich-provenzalische Vorbilder nachahmen wollte, oder ob er nicht auch an die reiche arabische Liebeslyrik, an Gedichte wie etwa das des Al-Mutabbiq mit dem Beinamen »der Sizilianer« (*As-Siquilli*) gedacht hat?

Es blinkte im Kelche und brach sich
in der Fülle des Schattens
ein Mantel weißen Lichts.
Ihn reiche ich einem Mädchen mit Gazellenkörper,
mit Wimpern träge und verzaubernd:
Oh! so daß sie des Schlafs beraubten
meine Augen!
Da blinkte das Naß im klaren
Weiß ihrer Haut,
wie die Sonne, wenn sie erstrahlt
schön und hoch.
Ja, eine Sonne schien sie: von Osten schenkte
ihre Hand;
von Westen ihre Lippen.
Und als der Nektar in
ihrem Munde war, erhob sich auf der Wange
das Rot des Sonnenuntergangs.

Tour
Die Normannenkirchen Palermos gehören zum Standardprogramm jeder Sizilienreise, die restaurierte Zisa leider nicht. Die staufische Krone der Konstanze im Domschatz trägt eine Gemme mit christlicher arabischer Inschrift. Arabische Holzschnitzarbeiten sind in der Sizilianischen Nationalgalerie im Palazzo Abbatellis ausgestellt. Und auch die Altstadtviertel entlang des *Cassaro*, der Straße zum Normannenpalast (vgl. span. arab. Alcázar) bewahren eine arabische Seele. Sie ist an Einzelheiten wie der Geräuschkulisse, den noch immer nicht ganz ausgestorbenen, von Pferdchen gezogenen *car-*

retti, an dem orientalischen Privatcharakter der Nebenstraßen ablesbar.

Gerade diese verschüttete arabische Identität haben in unserem Jahrhundert einige einheimische Schriftsteller wiederentdeckt – eine Art *Arab Revival.* Etwa Sciascia, der einen arabischen Familiennamen trägt und aus Racalmuto (arab. Rahalmaut) stammt, oder Giuseppe Bonaviri aus Mineo, der in seinen Dorfgeschichten *(novelle saracene)* den Personen manchmal sogar arabische Vornamen gibt.

In Cefalù hat sich ein öffentlicher Waschplatz erhalten und in Cefalà Diana, im Bergland ca. 30 km südöstlich von Palermo, die Ruinen eines arabischen Bades (beide in der Datierung umstritten). Im benachbarten Godrano im waldreichen Naturschutzpark der Rocca Busambra erzählt der Wirt der vorzüglichen Agroturismo-Trattoria gerne von den Kamelen, die die Araber einst hier hielten. Sie sind ebenso verschwunden wie die von Arabern im wegen seines Papyrus berühmten Cianefluß bei Syrakus ausgesetzten Krokodile, deren Nachfahren noch im 17. Jahrhundert gesichtet wurden. Selbstredend, daß der Papyrus auch von den Arabern eingeführt wurde.

Arabischen Ortsnamen begegnet man häufig. Caltanissetta, Caltabellotta, Calascibetta (*qala'a* = Burg), die Alcantaraschlucht (*al-kantar* = die Brücke) und Bagheria (*bab el gherib* = Windtor) sind am bekanntesten. Das Wort Admiral, das mit Emir verwandt ist, ging über den normannischen Hof in die europäischen Sprachen ein. Traditionelle Stoffe, etwa in Erice, haben Kelimmuster. In Trapani, dem Fährhafen nach Tunis, kocht man *couscous.* Die legendären sizilianischen Antipastibuffets sind die Nachfahren orientalischer *Meze*-Platten, und das sizilianische Brot, das Seume zu Recht in seinem *Spaziergang nach Syrakus* als das beste der Welt rühmt, das täglich Brot Siziliens ist mit Sesam bestreut wie im Orient.

Hirten und Herden

Von der Bukolik zum Neorealismo

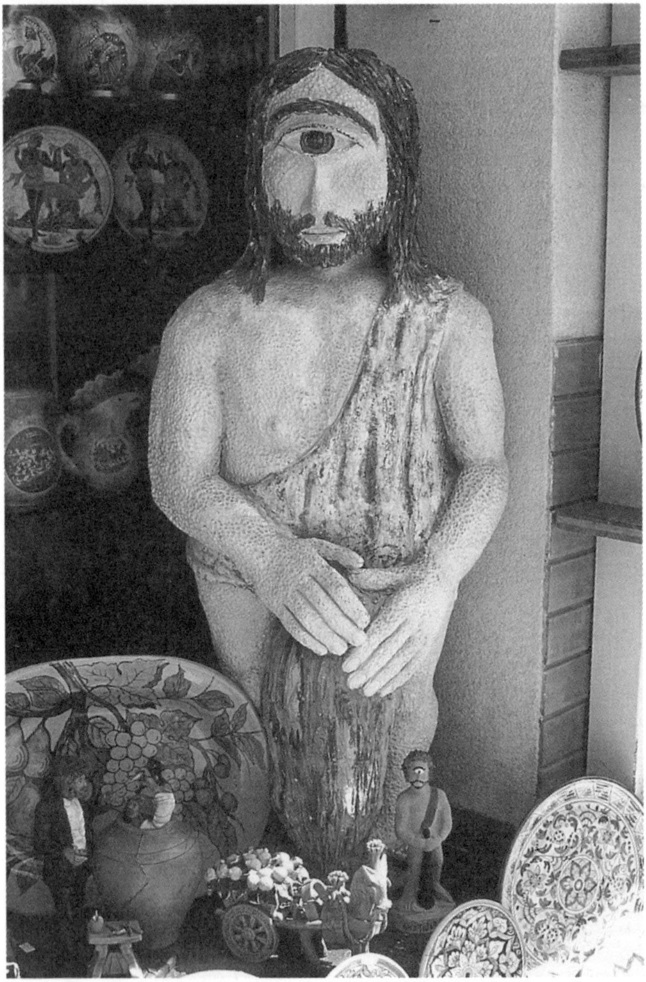

Theokrit zu verzollen – Der Zyklop als Schäfer – Die schöne Galatea – Der Nachmittag eines Fauns – Leonardo

_____ Für einen »alternativen Rucksacktouristen«
wie Johann Gottfried Seume, der 1802 von Leipzig nach
Syrakus wanderte, war es noch eine selbstverständliche Asso-
ziation: Sizilien, das Land der Bukolik, der Hirtengedichte.
In der Wiener Paßbehörde ficht er mit einem mißtrauischen
Beamten einen Strauß aus:

>>Wu will Ähr hün?<<
>>Steht im Passe: nach Italien.<<
>>Italien üß gruhß.<<
>>Vor der Hand nach Venedig, und sodann weiter.<<
>>Wu wüll Ähr weiter hün<<
>>Vorzüglich nach Sizilien.<<
Er glotzte von neuem und fragte:
>>Was wüll Ähr da machchen?<<
>>Ich will den Theokrit dort studieren<<, sagte ich.

Den Theokrit, geistigen Großvater aller Hirten und Schä-
ferinnen, die vom Hellenismus bis zum Rokoko durch die
europäische Literatur tanzten, ob sie nun Daphnis, Phyllis,
Mopsus, Aminta, Celadon oder Henriette heißen, und deren
Botschaft vom sorglosen ländlichen Paradies noch Marie
Antoinette in ihr Versailler Hameau lockte. Theokrit, syra-
kusanischer Dichter, dessen Blütezeit die Alten zwischen
280–270 v. Chr. ansetzten und der zeitweilig auf Kos und
am Ptolemäerhof in Alexandrien schrieb. In seinen Idyllen
wird das heitere, burleske, aber auch beschränkte Leben der
sizilianischen Schäfer, ihre Liebeshändel, Flötenweisen und
plump-erotischen Neckereien als ironische Gegenwelt zur

kultivierten hellenistischen Stadtgesellschaft stilisiert. Auf eine klassische Autorität konnte Theokrit freilich dabei zurückgreifen: In der homerischen Odyssee ist der prominenteste Sizilianer zweifelsohne Polyphem, ein Kyklop, menschenfressend und gewalttätig. Aber eben auch ein Hirte, dessen Lebens- und Arbeitswelt ausführlich geschildert wird:

Eilig wanderten wir zur Höhl' und fanden den Riesen
Nicht daheim; er weidete schon auf der Weide die Herden.
Und wir gingen hinein und besahen wundernd die Höhle.
Alle Körbe strotzten von Käse; Lämmer und Zicklein
Drängeten sich in den Ställen, und jede waren besonders
Eingesperrt: die Frühling' allein, allein auch die mittlern,
Und die zarten Spätling' allein. Es schwammen in Molken
Alle Gefäße, die Wannen und Eimer, worinnen er melkte …
Und wir zündeten Feuer und opferten, nahmen dann selber
Von den Käsen und aßen und setzten uns voller Erwartung,
Bis er kam mit der Herd' …
Aber er trieb in die Kluft die fetten Ziegen und Schafe
Alle zur Melke herein; die Widder und bärtigen Böcke
Ließ er draußen zurück im hochummauerten Gehege …
Jetzo saß er und melkte die Schaf' und meckernden Ziegen
Nach der Ordnung und legte den Müttern die Säugling' ans Euter;
Ließ von der weißen Milch die Hälfte gerinnen und setzte
Sie zum Trocknen hinweg in dichtgeflochtenen Körben,
Und die andere Hälfte verwahrt' er in weiten Gefäßen,
Daß er beim Abendschmause den Durst mit dem Tranke sich löschte.

Es ist die hirtenhafte Rückständigkeit des Troglodyten Polyphem, die ihn ins Verderben reißen wird: Er kennt den Ackerbau, die Weinrebe noch nicht und erliegt dieser ihm von Odysseus unvermischt eingeflößten Droge.

Polyphem, diesem häßlichen einäugigen Monster, hat Theokrit in einer seiner bekanntesten und komischsten Idyllen eine unerfüllte Liebe zur schönen Meernymphe Galatea angedichtet. Seume hielt sein dem Paßbeamten gegebenes Versprechen: Er studierte und übersetzte den Theokrit: Hier Auszüge seiner Version des »drolligen Kyklops«:

Ach Galatea, Du Schöne, warum verwirfst Du mein Flehn?
Weißer bist Du wie frischer Käs und zarter wie Lämmer,
Stolzer wie Kälber und herber wie vor der Reife die Traube.
Also erscheinest du mir, wenn der süße Schlaf mich beschleichet;
Also gehst Du von mir, wenn der süße Schlaf mich verlässet;
Fliehest von mir wie ein Schaf, das den Wolf, den grauen, erblickte ...
Ach, ich weiß wohl, liebliches Mädchen, warum Du mich fliehest:
Weil sich über die ganze Stirn mir zottig die Braue,
Von dem Ohre zum Ohre gespannt, die einzige, lang zieht,
Nur ein Auge mir leuchtet und breit mir die Nase zum Mund hängt.
Aber doch so wie ich bin, hab' ich tausend weidende Schafe.

Gar nicht komisch gestaltete sich für Acis, den jugendlichen Geliebten der Galatea, die Begegnung mit Polyphem, der ihn kurzweg in zwei Stücke hacken wollte. Nur eine der üblichen Verwandlungen, die Metamorphose in einen Fluß, rettete den Jüngling. Ihm, nach dem Städte wie Acitrezza, Acicastello, Acireale usw. heißen, widmete Händel eine seiner ergreifendsten Kurzopern, in der er das Liebesleben des Kyklopen an Galatea vertont. Sizilianische Färbung klingt in den englischen Vergleichen an, wenn der Polyphembaß die Nymphe als *oranger than a berry* preist.

Sizilien ist die Urheimat der literarischen Hirten. Mit Theokrit war ein neues Genre geboren, die Bukolik. Erst Vergil, der römische »Nationaldichter«, siedelte sie in ein neues Paradies, ins rauhe Arkadien aus. Doch auch seine Eklogen, wie die ziselierte Kleinform seiner Hirtenpoesie genannt wird, sind noch den *Sicelides Musae*, den sizilischen Musen geweiht.

Von da ab erscheint die Bukolik unverwüstlich: Sie paßt zu allen Zeitströmungen, adaptiert sich dem Christentum mit seiner Lehre vom guten Hirten, liefert den Krippenspielen, die in der Renaissance mit den ersten Krippenfiguren auftauchen, Motive (schließlich wurde den Hirten verkündigt) und unterhält die barocke Gesellschaft genauso wie einst die hellenistische. Wie in ganz Europa blüht im 18. Jahrhundert auch in Sizilien das Schäferspiel. Unermüdlicher *Maître de plaisir* dieses schönen Scheins war der Palermitaner Arzt Giovanni Meli (1740–1815), der letzte der großen sizilianischen Dialektdichter, der sein heimatliches Idiom noch als regionale Hochsprache auffaßte. Neben Schäferidyllen klingt auch Sozialkritik an, etwa in seiner mafiös-bukolischen Fabel vom Ochsen und der Mücke.

Während ein Ochse schuftete, setzte sich eine Mücke zum Ausruhen auf sein Horn. Dann am Abend verlangte sie, unter die Arbeiter des Tages eingeschrieben zu werden und forderte den Taglohn. Der Grundbesitzer lachte sich eins angesichts dieser Anmaßung. Aber gewisse Barone bei uns lachen nicht, sondern bezahlen gut und gesalzen die vielen mückenartigen Parasiten, die sich umtriebig zeigen und den ganzen schönen Gewinn von denen einstecken, die wirklich arbeiten.

Gut hundert Jahre später, 1876, erscheint – mit Bildern von Manet – die endgültige Fassung von Stéphane Mallarmés berühmtestem Gedicht: »L'Après-midi d'un faune«. Der schwüle Nachmittag eines Fauns, der die Nymphen liebt, eine Ekloge, hocherotisch und von raffiniert-betörender Sprachmelodie. Schauplatz der sinnlichen Sommerphantasie zu gelber Stunde (*l'heure fauve*), die Debussy vertonte und zu der Nijinsky tanzte, ist Sizilien:

Sizilisches gestad o stille flache teiche
Um die ich eitlen sinns im neid der sonne schleiche ...
Es brennt die trägheit gelber stunden ...
Erfüllt von alter brunst erhebe ich mich wieder

Und die echten Hirten Siziliens? Nicht nur die Höhlenstädte Ostsiziliens wie Pantalica mit seinen von Lagerfeuern rauch-geschwärzten Grotten sind voller Reminiszenzen an eine ver-schwindende Hirtenkultur. Auch die Geschichte der sizilia-nischen Aufstände und des *banditismo* ist eng mit der alten nomadischen Freiheit und Wehrhaftigkeit der Viehhirten verknüpft – das ausgegrenzte Vagabundendasein der *pecorari* (Schafhirten) hat die Insel von der Jungsteinzeit bis in die Gegenwart geprägt. In einer seiner Sozialreportagen läßt der Triestiner Danilo Dolci, der ab den 50er Jahren ein Selbst-hilfezentrum in Partinico aufbaute, einen jungen Hirtenkna-ben illusionslos über eine archaische Welt der Armut, der eigenen Gesetze und uralten Wissens erzählen. Sein Name ist Leonardo:

Schon als ganz kleines Kind spielte ich immer auf der Straße, was sollte ich sonst tun. Mit dreizehn Jahren ging ich in Dienst; mein Vater war Hirte, und vorher hatte ich mit ihm als Hirte gearbeitet. Die Tiere, wenn die einer das ganze Jahr vor Augen hat, dann kennt er sie.
Erst machte es mein Vater alleine, und dann achtete ich auf die Viecherln mit meinem Vater. In San Giorgio woll-ten sie mich nicht melken lassen, doch ich hab' immer gemolken, denn ich mochte es gern. Wenn man die Zit-zen beim erstenmal kneift, lassen sie sich nicht mehr mel-ken. Man darf nicht mit dem Nagel einschneiden. Es sind nicht alle gleich beim Melken: Da gibts welche, die sind wild, und welche, die sind sanft. Welche mit ordentlichen Warzen und welche, wo sie schief sitzen: Die ist hart und die läßt sich leichter melken. Von mir lassen sie sich anpacken, die anderen lassen sie nicht ran.
Ich kann sie nicht zählen, aber ich weiß von fern, wenn eine fehlt. Ich schau und schau, bis ichs merke. Ich kenn sie, eine wie die andere, die ist die Tochter von der und die die Tochter von der. Soviels auch sind, ich kenn sie

alle. Ich bin mit hundert Schafen gewesen, mit zweihundert. Der Padrone hat sie gezählt, wenns Zeit war, und er wußte, wieviels waren. Ich schau auf sie, bleibe immer ordentlich hinter ihnen, ich knuddel sie, streichel sie, sammel junge Saubohnen und geb sie ihnen und sie kommen ran. Ich mag sie gern und sie mögen mich gern.

Tour

Nach Theokrit und seinen Nachahmern Moschos und Bion sind Straßen in der alten griechischen Metropole Syrakus benannt. Wer mit einem Boot an einem schwülen Sommertag durch das Schilf- und Papyrusdickicht des Cianeflusses treibt, mag in seiner Phantasie den klagenden Tanzlaut der Panflöte hören. Auch heute noch verwendet die sizilianische Volksmusik mit Flöten und Dudelsack *(zampogna)* typische Hirteninstrumente, während die früher für Mafiadelikte obligatorische Wolfsflinte *(lupara)* aus der Mode gekommen ist. Hirten und ihre Tiere durchstreifen noch immer die nordsizilianischen Gebirge wie Madonie und Nebrodi und suchen Unterschlupf in urtümlichen Strohhütten, und mit etwas Glück konnte man bis vor wenigen Jahren lagernde Ziegenherden im Theater von Segesta aufspüren. In dem 1000 m hohen Prizzi trifft man bei der *Sagra del Formaggio* (Käsefest) im Mai verwildert aussehende *pecorari* mit nicht leicht zu verstehendem Sizilianisch, die in großen Bottichen wie seit Urzeiten frischen Schafstopfen *(ricotta)* kochen. Und manchmal, sehr, sehr selten, findet man auf den Märkten noch die Ricottakörbchen aus Schilf. Sie sind von derselben Machart wie die, die schon Polyphem verwendete.

 *Sicilia Sancta*

Von der Eleganz der Religion

Apostel in Syrakus – Die Brüste der hl. Agathe – *U fistinu* – Don Luigi Sturzo und die Christdemokratie – Für mich ist dieser Papst ein Türke

ECCLESIA SYRACUSANA PRIMA DIVI PETRI FILIA: Die monumentale Bronzeinschrift im Dom von Syrakus, einem umgebauten Athenatempel, verkündet in gravitätischem Latein nichts weniger als den zeitlichen Primat der syrakusanischen Gemeinde auf italienischem Boden: die erste Gemeinde des Abendlandes! Aus der Apostelgeschichte kennen wir die Seefahrtsroute vom heiligen Land nach Italien über Sizilien: »Und da wir gen Syrakus kamen, blieben wir drei Tage da.« Auch der Apostelfürst Petrus kam, apokryphen Akten zufolge, erst nach Syrakus, bevor er sich nach Rom wendet, dort das Papsttum begründet und den Märtyrertod stirbt. Syrakus, byzantinisch-orthodoxes Bollwerk, erst mit der normannischen Eroberung kirchenrechtlich dem Papst unterstellt und katholisiert, hat immer an diesem Ruhm festgehalten.

Auch der Gottesgebärerin Maria lagen die Sizilianer am Herzen. Einer Gesandtschaft aus Messina, die sie in Ephesus besuchte, entbot sie ihren speziellen Segen: *VOS ET IPSAM CIVITATEM BENEDICIMUS* (Wir segnen euch und eure Stadt). Jeder Reisende, der zu Schiff die Straße von Messina überquert, liest als erstes den Hoffnungsspruch für die erdbebengepeinigte Stadt in großen Lettern auf der Hafenmauer.

Die sizilianische Kirche sollte halten, was dieser Anbeginn unter höchsten Auspizien versprach. Die Insel hat der Christenheit große und wunderbare Heilige geschenkt. Etwa Lucia, die Patronin von Syrakus, bis ins protestantische Schweden verehrt und weltberühmt durch das neapolitanische Volkslied, welches das nach ihr benannte Fischerviertel feiert. Eine unbeugsame Jungfrau, die den von ihr gewählten weiblichen Sonderweg als Braut Christi mit letzter Entschlossenheit durchsetzte: Um den Nachstellungen ihres heidnischen Verlobten zu entgehen, riß sie sich die Augäpfel aus – noch heute wird sie in Sizilien bei Augenkrankheiten um Hilfe angefleht. Ihr geschundener Leichnam sollte lange nicht zur Ruhe kommen. Der byzantinische Feldherr Maniakes nahm ihn 1040 nach Konstantinopel mit, von wo ihn 1204 die Venezianer entführten. Erst vor wenigen Jahren überstand er ein Kidnapping aus der venezianischen Kirche S. Geremia unbeschadet.

Das große Vorbild der heiligen Lucia war Agathe, die Patronin von Syrakus. Ihr Martyrium während der Christenverfolgung unter Kaiser Decius (249–251), aber auch ihre überlegene Argumentationstechnik vor dem Richter hat das hagiographische Standardwerk des Mittelalters, die *Legenda Aurea* das Jacobus a Voragine (13. Jahrhundert), eindringlich beschrieben:

Agatha die Jungfrau war edel von Geschlecht und schön von Angesicht und wohnte in der Stadt Catania; und ehrte Gott in großer Heiligkeit. Aber Quintianus der Landpfleger von Sicilien war unedel von Geburt, wollüstig, habgierig und ein Heide; der wollte die edle Magd in seine Gunst zwingen: ihr Adel sollte seinen geringen Stand erhöhen, ihre Schönheit sollte seiner Wollust dienen, ihre Schätze wollte er rauben um seiner Habgier willen; und da er ein Götzenanbeter war, wollte er sie zu der Götter Opfer zwingen. Er ließ sie vor sich führen, und da er ihren Willen unwandelbar sah, übergab er sie einer Kupplerin, Aphrodisia mit Namen, und ihren neun Töchtern, die alle in Sünde lebten. Die suchten dreißig Tage lang ihren Willen zu verkehren und wollten sie bald mit süßen Worten bald mit Drohungen von ihrem guten Vorsatz bringen; sie aber sprach ».. . wieviel ich ange-

47

fochten werde, so mag ich doch nicht fallen, denn der
Grund meines Hauses steht gar fest.« Des anderen Tags
sprach zu ihr der Richter »Schwöre Christum ab und
bete die Götter an.« Das wollte sie nicht tun; da ließ er
sie aufhängen in der Folter und martern. Sprach Agatha
»Ich hab in dieser Pein so große Wollust und Freude, als
einer, der eine gute Botschaft hört; Denn der Weizen
kann nicht in die Scheuer kommen, wenn die Hülse nicht
kräftig gewalkt ist und zu Spreu ist worden: also kann
meine Seele nicht ins Paradies eingehen mit der Marter-
palme, wenn du meinen Leib nicht recht von den Hen-
kern lässest zernichten.« Da ward Quintianus zornig
und hieß ihr die Brüste peinigen und nach langer Pein
abschneiden. Sprach Sanct Agatha »Du greulicher, gott-
loser Wüterich, schämst du dich nicht, daß du an einem
Weibe lässest abschneiden, was du selber an deiner Mutter gesogen hast? Aber wisse, daß ich noch ganze Brüste
habe in meiner Seele, daraus ich alle meine Sinne speise,
die ich von Jugend auf Gott habe geweiht.«

Die Brustschale der hl. Agatha kann der aufmerksame Beob-
achter nicht nur in der Heiligenmalerei entdecken. Sie findet
sich in Catania an ihrem Festtag (5. Februar) auch in den Aus-
lagen der Pasticcerie, aus *Pasta Reale*, dem bunten, mit kandierten Früchte verzierten Marzipan, das einst die vornehmsten Nonnenklöster Siziliens buken. Zudem ist Agathe wie
S. Gennaro in Neapel eine »Vulkanheilige«. Ein Jahr nach
ihrem Tode wich ein Lavastrom vor ihrem Grabe aus und ver-
schonte so die Stadt: Catania, über dem das Damoklesschwert
des Ätna schwebt, hat seiner Patronin diese Hilfe nie vergessen.

Den heiligen Veit verbindet man zunächst mit dem Prager
Dom auf dem Hradschin, der eine Armreliquie des Heiligen
birgt. Doch der Wunderheiler, der einst den fallsüchtigen
Sohn Kaiser Diokletians vom Veitstanz befreite, ist ein Kind

Siziliens, geboren in Mazzara del Vallo. Dort am Hafen, neben einer Speicherhalle hinter rostigen Fischkuttern spiegelt sich in den Öllachen eine salzzerfressene Muschelkalkstatue des vergessenen Sohns der Stadt. Fast schon i. p. i. (*in partibus infidelium*, im Gebiet der Ungläubigen), um im klerikalen Jargon zu bleiben, denn auf den Fangflotten des sizilianischen Hochseefischereizentrums arbeiten fast ausschließlich tunesische Moslems als Gastarbeiter.

Die prominenteste und volkstümlichste aller sizilianischen Heiligen aber dürfte Rosalia, die Beschützerin Palermos sein. Verglichen mit den bisher genannten Blutzeugen ist ihr Kult eher jüngeren Datums, im glaubenseifrigen Barockzeitalter entstanden. Rosalia, Tochter eines normannischen Grafen mit dem aparten Namen Sinibald von Quisquina und Rosae, die im 12. Jahrhundert als Einsiedlerin in schwarzer Kutte mit Totenschädel in einer der Karstgrotten des Monte Pellegrino gelebt hatte, wurde 1624 von Hirten auf diesem Hausberg Palermos gefunden, während in der Stadt die Pest wütete. Als nach einer Prozession mit ihren Gebeinen die Seuche abebbte, war Rosalias später Aufstieg zur internationalen Prominenz unaufhaltsam. Van Dyck, gerade beim Vizekönig engagiert, malte ihr Porträt mit Rosenkranz, in der ganzen katholischen Ökumene entstanden ihr geweihte Pestkapellen, und selbst im peruanischen Lima brachte eine nach ihr getaufte Heilige ihren Namen zu Ehren. Goethe erwanderte ihre Grottenkirche oben am Pellegrino und pries frivol die dort ruhende Rosalienstatue (»ein schönes Frauenzimmer erblickt ich beim Schein einiger Lampen, auch einem geübten Auge noch reizend genug«). Zur Beschäftigung mit Rosalia hatte ihn der Reisebericht Patrick Brydones gelockt, der die *grand tour* als erster 1767–1771 auf Sizilien und Malta ausweitete. Der Engländer war bei *u fistinu*, dem Rosalienfest, mit dem gigantischen Triumphkarren dabei gewesen:

Um fünf Uhr des Nachmittags fieng das Fest mit dem Triumphe der heiligen Rosalia an, die mit dem größten Pompe mitten durch die stadt, von dem Marino bis an das neue Thor gezogen worden. Ein Haufe Reuter mit Drommeten und Mauldrommeln, und alle stadtofficiere in ihren schönsten Uniformen giengen vor den Triumphwagen her. Es ist wirklich eine sehr ungeheure Maschine; sie ist siebenzig Fuß lang, dreysig breit, und über achtzig hoch, und ragte weit über die höchsten Häuser zu Palermo, vor welchen sie vorbey gieng, hervor. Ihr unterer Theil sieht wie eine römische Galeere aus, sie wird aber immer größer, so wie ihre Höhe zunimmt; und der vordere Theil wird oval, wie ein Amphitheater, mit Sitzen, wie sie auf den Schaubühnen sind. Dieß ist das große Orchester, und war mit sehr vielen Musikanten angefüllet, die reihenweise über einander saßen. Ueber diesem Orchester und ein wenig hinter demselben, ist eine große auf sechs corinthischen Säulen ruhende und mit einer Menge von Figuren, von Heiligen und Engeln ausgeschmückte Kuppel, und oben auf der Kuppel ist eine riesenförmige silberne Bildsäule der heiligen Rosalia. – Die ganze Maschine ist mit Pomeranzenbäumen, Blumentöpfen und großen Bäumen von künstlichen Corallen besetzt.

U fistinu wird bis heute jeden 15. Juli gefeiert. Und Rosalia hilft noch immer regelmäßig, wie Autoreifen, Anker, Goldkettchen und andere Votivgaben in ihrer Grottenkapelle belegen.

Sizilianische Feste, sizilianische Prozessionen. Nicht wie sonst so oft vom Tourismusbüro arrangiert, sondern aus ungebrochener Tradition schöpfend. Besonders in der Karwoche ist die ganze Insel auf den Beinen, finden noch in den kleinsten Dörfern aufwendige Festumzüge und Passionsspiele statt. Kleine, als Äbtissinnen verkleidete Mädchen trippeln in schwarzen Lackschuhen zwischen den Kapuzenmännern der Bruderschaften *(confraternità)*, die so klangvolle Namen wie »Sieben Schmerzen Mariä« tragen. Bilder wie von der *Semana santa* in Spanien, das ja gut 500 Jahre (1282–1713) über die Insel regiert und sie zutiefst geprägt hat. Sizilianische Ostern, das ist die beklemmend stille Karfreitagsprozession im mittelalterlich-nebligen Erice, das sind die Karren der Zünfte und Wirtschaftsunternehmen in Caltanissetta (die Fleischer finanzieren den mit der Kreuzigung), und das ist der Höhepunkt die Karfreitagsnachtprozession in Trapani, dessen Bombenwunden aus dem Zweiten Weltkrieg noch immer nicht vernarbt sind. Beginn Karfreitag 15 Uhr, Ende Ostersamstag 12 Uhr ohne Pause. Die macht lediglich der Autoscooter, der bis tief in die Nacht vor der Tribüne für die Bischofspredigt tobt – es ist schließlich auch ein Fest.

Im bourbonischen Königreich Beider Sizilien, das 1860/1 durch Garibaldi unterging, soll jeder zwanzigste geistlichen Standes gewesen sein. Die unendliche Fülle prächtiger Barockkirchen, die musikalische Szenographie ihrer gelben Sandsteinfassaden kündet davon. Gewiß, 1860 gab es die Säkularisation, das kirchliche Sozialsystem brach zusammen, ohne durch ein effektives staatliches ersetzt zu werden, und die letzten großen Klosterwälder der Insel wurden abgeholzt, aber dennoch lebt noch etwas vom Geist der universalen *Ecclesia triumphans* in Sizilien. Kirchenfürsten in Barockpalais und Volkspriester, die sich für ihre Gemeinde erschießen lassen. Mag sein, daß die Kirchen oft leer sind. Zu den Heiligenfesten aber strömen alle, und vor den wundertätigen, Tag und Nacht beleuchteten Bildchen an den Straßenecken stehen stets frische Blumen.

Hier, wo der Anstoß zum letzten Dogma, der Himmelfahrt Mariens (1950), erfolgte, stellt die Moderne keine Zäsur dar. In Tindari steht eine Wallfahrtskirche der Schwarzen Madonna, 1966 in reichstem Marmorprunk erbaut. Auf der anderen Seite können auf einer Insel, wo Heilige Neonheiligenscheine haben, Opferkerzen elektrisiert sind und die Kreuzigung Christi beim Passionsspiel mit aktueller Hitparadenmusik hinterspielt wird, auch Madonnen aus dem Kaufhaus weinen. Menschentränen, wie wissenschaftliche Expertisen belegen, vergoß die Gipsfigur aus industrieller Produktion, die eine einfache Familie aus Syrakus in den 50er Jahren für ihre Hausecke erworben hatte. Heute ist die riesige zitronenpressenartige Betonkirche, das *Santuario delle Lacrime*, fast fertig, und an hohen Festtagen pilgern Scharen von Heilsuchenden aus der Provinz zu Fuß zu ihr. Wie in Pompeji mit seiner Madonna hat das heidnisch-antike Syrakus einen christlichen Anziehungspunkt entwickelt.

In Caltagirone, gegenüber der berühmten Keramiktreppe, sitzen kartenspielende, rauchende und kaffeetrinkende Landarbeiter in einer heruntergekommenen, viel zu großen Galleria. Sie heißt nach einem aus Caltagirone, einem *Calatino*, der viel bewegt hat. Don Luigi Sturzo (1871–1959) war Priester, Bürgermeister und Parteigründer. Er erhielt als erster vom Papst die Erlaubnis, den Katholizismus Italiens politisch zu organisieren, die christsozialen Ideen der Arbeiterzyklen Papst Leos XIII. durch die Gründung des PPI (*Partito Popolare Italiano*, 1919) umzusetzen. Eine Sensation, denn ein halbes Jahrhundert lebten die Päpste, durch das Königreich Italien gewaltsam des Kirchenstaates beraubt, im Kalten Krieg mit den Politikern des neuen Italiens, die, wie etwa der Sizilianer Francesco Crispi, meist laizistisch dachten. Es war auch die von Don Luigi Sturzo, der 1924–1946 im amerikanischen Exil lebte, geschaffene Bewegung, mit der Mussolini 1929 in den Lateranverträgen seinen Frieden machte und ihr immerhin Jugendarbeit erlaubte. So stand sie nach dem Zusammenbruch des Faschismus und der Monarchie (1943/6) relativ gut gerüstet da: Unter der neuen *Democrazia Cristiana* wurde Nachkriegsitalien, was es seit seiner Nationwerdung nie gewesen war, ein politisch katholisches Land. »Sturzos Partei« hat Italien bis zu ihrem Zerbrechen 1993 fast ein halbes Jahrhundert lang regiert. Und ihre versprengten Reste greifen seitdem wieder auf den alten Namen der »Volkspartei« zurück.

Schließen wir mit einem Trauerspiel, mit der traurigsten Szene der Familiensaga *Der Leopard (Il Gattopardo)* von Tomasi di Lampedusa. Daß der Fürst seine Tochter Concetta und ihre Liebe zu seinem Neffen Tancredi dessen Karriere opfert, ist tragisch und pragmatisch, aber daß Concetta im letzten Kapitel des Buches die standesgemäße Flucht in die Tröstungen der Religion zerstört wird, ist grausam und demütigend. Ihr letzter Stolz, die berühmte Reliquienkapelle des Hauses, wird im Auftrag des Kardinals von Palermo einer Visitation unterzogen:

Dann bat der Priester um den Schlüssel zur Dokumententruhe, entschuldigte sich und zog sich in die Kapelle zurück, nicht ohne daß er zuvor aus seinem Beutel ein Hämmerchen hervorgeholt hatte, eine kleine Säge, einen Schraubenzieher, eine Vergrößerungslinse und ein paar Bleistifte. Er war Zögling der Schule für Paläographie am Vatikan gewesen; außerdem war er Piemontese. Seine Arbeit war lang und genau; diejenigen von der Dienerschaft, die vor dem Eingang zur Kapelle vorübergingen, hörten kurze Hammerschläge, leises Quietschen von Schrauben und Seufzer. Nach drei Stunden erschien er wieder, das Gewand ganz voll Staub, die Hände schwarz, er selbst aber froh, auf dem brillengeschmückten Gesicht einen Ausdruck heiterer Ruhe. Er entschuldigte sich, daß er einen großen Weidenkorb in der Hand trug: »Ich habe mir erlaubt, mir diesen Korb anzueignen, um die ausgeschiedenen Sachen hineinzutun; darf ich ihn hier hinstellen?« Und er stellte das Ding in eine Ecke; es lief über von zerrissenen Papieren, Kärtchen, kleinen Schachteln, die Haufen von Knochen und Knorpel enthielten. »Ich bin froh, Ihnen sagen zu können, daß ich fünf Reliquien gefunden habe, die vollkommen echt sind und wert, Gegenstand frommer Verehrung zu sein. Die anderen sind hier«, und er wies auf den Korb. »Würden Sie mir sagen, meine Damen, wo ich mich abbürsten und mir die Hände waschen könnte?«

Nach fünf Minuten erschien er wieder mit einem großen Handtuch, auf dessen Rand ein rotgestickter Leopard tanzte. »Ich vergaß Ihnen zu sagen, daß die Rahmen geordnet auf dem Tisch der Kapelle liegen; einige sind wirklich schön.« Er verabschiedete sich. »Meine Damen, ich empfehle mich Ihnen.« Aber Caterina verzichtete darauf, ihm die Hand zu küssen. »Und was sollen wir mit dem tun, was in dem Korbe ist?« »Völlig was Sie wollen, meine Damen; es aufheben oder in den Kehricht werfen; es hat keinen Wert.«

Aus, vorbei. Da nutzt denn auch der Puppentheaterfluch der Schwester Carolina nichts: »Für mich ist dieser Papst ein Türke!« Immerhin, der letzte der drei sizilianischen Päpste liegt lange zurück: 768–772 hatte Stephan III. die höchste Würde der Christenheit inne, gut hundert Jahre nach seinen heiligen Landsleuten Agathon und Leo II.

Tour
Eine religiöse Reise durch Sizilien ist endlos. Hier ein spezieller Tip: Das abendliche Lucienfest in Syrakus (1. Maisonntag/13. Dezember) vermittelt ein elementares Erlebnis katholisch-mediterraner Religiosität und der innigen Verbundenheit der Stadt mit »ihrer« Heiligen. Die sonst stets verschlossen gehaltene Abteikirche öffnet sich, Weihrauchschwaden aus dem Inneren vermischen sich mit den Pulverdämpfen der Böllerschüsse im Freien, und dann wogt, zunächst nur undeutlich auszumachen, eine lebensgroße Lucienstatue aus massivem Silber, die die Syrakusaner über den Verlust der Originalreliquien hinwegtrösten soll, über die Häupter der Menge. Die Statue, die Heilige besucht ihre Stadt, begleitet von den stöhnenden Schreien der sie bugsierenden Männer: »*Santa Lucia, aiutami* – Heilige Lucia hilf!« Sie grüßt in schmale Altstadtgassen, aber sie läßt auch die Honneurs nicht aus, schreitet die militärisch zum Gruß angetretene Carabinieribrigade ebenso ab, wie sie vor dem Bischofspalast und dem Rathaus verharrt. Und kehrt hernach wieder für Monate in ihren Tempelschrein zurück.

 *Friedrich II.*

Ein italienischer Dichter

Sonette und Sizilianen – Kreuzzugsliebe – Der gefangene Sänger – Die zartesten und stolzesten der Lieder – Staufergräber

_____ Nur wenige Besucher Palermos werden die Vorderfront des Normannenpalastes mit dem Eingang für Parlamentsmitglieder genau inspizieren. Dort ist im Schatten der Palmen, links der von Türkenkaryatiden gestützten Porta Nuova, eine Plakette mit dem Bildnis Kaiser Friedrichs II. inmitten seiner Freunde eingelassen. Die Inschrift feiert den in Palermo aufgewachsenen Erben des Staufers Heinrich VI. und der sizilischen Normannin Konstanze nicht als Weltenherrscher oder als »modernes« Genie, sondern in der Funktion, in der ihn italienische ABC-Schützen zunächst kennenlernen: als Dichter und Sprachschöpfer.

Der polyglotte Imperator, zu dessen Porphyrgrab Generationen von Deutschen gepilgert sind, hat nicht nur ein kurzes lateinisches Handbuch über die Falkenjagd verfaßt. Er gilt vielmehr, zusammen mit den Beamten seines Hofkreises, als Begründer der italienischen Literatur. In der »Sizilianischen Schule« wurde das *Volgare*, die Volkssprache, zum erstenmal für Dichtung verwendet, trat neben das Lateinische als Kultursprache. Selbst aus der Toskana stammende Hofbeamte bedienten sich damals des sizilianischen Dialekts. Friedrich II., seine unehelichen Söhne Manfred und Enzio und *dilettanti* wie der Kanzler Petrus von Vinea, Guido delle Colonne oder Cielo d'Alcamo ersannen Liebesgedichte nach dem Vorbild der provençalischen Minnelyrik. Sicher beeinflußte den Kaiser auch die subtile erotische Lyrik der arabischen Welt. Diese gründliche Vorbildung bewirkt, daß die sizilianische Lyrik des Dugento (13. Jahrhundert) von Anfang an geschliffen wirkt und – anders als etwa der ungefähr gleichzeitige Sonnengesang des hl. Franziskus von Assisi – nichts von der ungelenken Archaik hat, die man bei einer Sprache, die zum erstenmal in Verse gezwungen wird, erwarten könnte.

Das schönste der Friedrich II., dem »Staunen der Welt«, zugeschriebenen Gedichte behandelt eine Kreuzzugsliebe.

Weh mir, denn ich vermag es nicht zu fassen,
Daß es mir brächte solche Herzensnot,
Von meiner Herrin Abschied zu erbitten.
Denn kaum, daß meine Süße ich verlassen,
Da schien mir wünschenswert nur noch der Tod,
Gedenkend wie sie neben mir geschritten.
Nie litt ich so als jenen Augenblick,
Da hinter meinem Schiff versank die Küste ...
Ich glaubte fest, daß ich nun sterben müßte,
Trieb in den Hafen ichs nicht gleich zurück.

Was ich auch sah in vielen fremden Ländern,
Vermochte nicht, dem Gram mich zu entwinden,
Und einen Platz zu ruhen fand ich keinen.
Die Sehnsucht preßt mich wie mit Kettenbändern,
Daß nirgends ich kann Frieden finden,
Und Scherz und Spiel mir schal erscheinen.
Gedenk ich gar der Süße ihrer Weisen,
Entschwindet alle Freude meinem Sinn,
Und ich gesteh, daß ich nur heiter bin
Dort, wo die Herrin mein, um sie zu preisen.

Wie sehr war ich, o Gott, von Dir verlassen,
Als ich von dort mich schied, trotz Abschiedsweh,
Wo meiner Würde Zauber soviel galt?
Nun büß ich teuer, was ich zugelassen,
Und schmelz bei dem Gedanken hin wie Schnee:
Ein andrer habe über sie Gewalt.
Der Tag will fern wie tausend Jahr mir scheinen,
Der mir, o Herrin, euch wird wiederschenken.

Es friert mein Herz zu Eis, daran zu denken,
Und Lachen wird und Scherzen auch zu Weinen.

Doch freudestrahlend ziehe hin, mein Lied,
Die Blume Syriens von mir zu grüßen,
Sie, die der Kerker meines Herzens ist.
Und der Geliebtesten entbiet,
Daß sie den treuen Knecht zu ihren Füßen
In ihrer edlen Großmut nicht vergißt,
In dem so sehr der Liebe Qualen wüten,
Wenn er, was sie befiehlt, nicht ganz erfüllt.
Und bitt', daß sie voll Güte bleib gewillt,
Sich nur für mich in Treue zu behüten.

Die Versuchung ist groß, dem Genie auch noch den Ruhmes-
titel des seelenvollen Liebhabers zuzusprechen. Aus den
Quellen scheint allerdings hervorzugehen, daß sich Friedrich
eher wenig um weibliche Würde scherte. So wird in der
»Blume Syriens« eine attraktivere Kusine der 14jährigen Isa-
belle von Brienne vermutet, die der Kaiser 1225 aus Kalkül
heiratete, um sich den Königstitel von Jerusalem anzueignen.
Gerüchte besagen sogar, Friedrich habe sie in der Hoch-
zeitsnacht seiner kindhaften Braut, die er nichtsdestoweniger
schon vorher vergewaltigt hatte, vorgezogen. Auch ansonsten
zeigte sich der Kaiser als Frauenkonsument, der eine statt-
liche Anzahl an Bastarden zeugte. Besonders aufgebracht war
die welfische Opposition über die Odalisken des Harems, die
sich der (laut einem islamischen Chronisten) rotblonde, bart-
lose und kurzsichtige Staufer, der »als Sklave keine 200 Dir-
hems eingebracht hätte«, von seinem friedlichen Kreuzzug
mitgebracht hatte. Seine angetrauten Ehefrauen traten hingegen – bis auf die zehn Jahre ältere Konstanze von Aragon –
öffentlich nicht in Erscheinung. Als Gesetzgeber hat er hingegen in den Konstitutionen von Melfi den juristischen
Schutz weiblicher Persönlichkeitsrechte deutlich verbessert.

Die enge Beziehung, die die Deutschen zu diesem nur stockend deutsch sprechenden Kaiser von jeher beansprucht haben, drücken am besten die Überlegungen aus, die Ferdinand Gregorovius 1854 in seinen *Wanderjahren in Italien* vor dem Grabe Friedrichs angestellt hat:

Das merkwürdigste, was der Dom enthält, sind die Särge der Könige aus dem Geschlecht der Normannen und Hohenstaufen, Denkmäler der Geschichte Siziliens und zugleich unseres deutschen Vaterlandes. In Grüften von solcher Majestät könnten auch Nibelungenkönige würdig ruhen ... Mit welcher Empfindung steht der Deutsche in diesen Tagen vor dem Sarge jenes großen Kaisers auf dieser weit entlegenen Küste? Welche Rechenschaft und welche Kunde wird er dort niederlegen? Dieses Grab weckt große Erinnerungen – wer kann davor stehen ohne Ehrfurcht und Liebe? Andere Fürsten werfen noch nach Jahrhunderten einen schwarzen Schatten in die Welt, dieser breitet einen Lichtschimmer über unsere Nation und Italien aus, der nicht verlöschen wird.

Zurück zur *Scuola Siciliana*. Daß das Italienische seine erste Manifestation am palermitanischen Hofe fand, ist kein Zufall. Schon unter den Normannen war Sizilien, im Herzen des Mittelmeeres gelegen und mit kulturellen Banden der damals zivilisatorisch überlegenen orientalischen Welt verknüpft, nicht nur das reichste, sondern auch das modernste Land Europas und eine Keimzelle der italienischen Kultur. So zeigen etwa die unbekannten Künstler, die hundert Jahre vor Giotto in Monreale noch im byzantinischen Medium des Mosaiks auf typisch italienische Manier Geschichten in Bildern erzählen, den gleichen »protoitalienischen« Stilwillen wie die Lyrik. Diesen »Ruhm Trinakriens« hat kein Geringerer als Dante, der Friedrich II. im Inferno seiner *Göttlichen Komödie* schmachten ließ, lobend bekräftigt:

Weil aber die erlauchten Heroen, Kaiser Friedrich und Manfred, sein wohlgeratener Sohn, Adel und Rechtheit ihrer Form offenbaren und, solange ihnen das Glück lachte, dem wahrhaft Menschlichen gefolgt sind, das Viehhafte verachtend … so ist es geschehen, daß alles, was unsere Vorgänger im Volgare hervorgebracht haben, sizilisch genannt wird; und das behalten auch wir bei, und unsere Folger werden es nicht ändern können.

Eine Blüte, die die staufischen Fürsten Siziliens nicht überlebte. Schuld am Verfall war nicht nur die spröde Kulturpolitik der Anjou, die Neapel groß machten und die Insel vernachlässigten, sondern auch Strukturen, die schon unter den Normannen und unter Friedrich II. gelegt wurden. Der zentralistische Staat Friedrichs II., auf Machtfülle und Genie eines einzelnen ausgelegt, verhinderte gerade dadurch die föderale Entwicklung autonomer produzierender Städte, der die wirtschaftliche Zukunft Nord- und Mittelitaliens gehören sollte. Am Ende seines Lebens hatte der Universalkaiser gegen die Stadtstaaten der vielen verantwortlichen Bürger zumindest öknomisch verloren. Mit ihm verlor das *siciliano illustre*, das erste Hochitalienisch, gegen das Toskanische. Sogar die Gedichte der Sizilianischen Schule sind nicht mehr auf sizilianisch, sondern nur noch in Transkriptionen ins Toskanische überliefert. Die kulturelle *leadership* verlagerte sich zur neuen Wirtschaftsmacht der Städte. Doch auch der *Dolce Stil Nuovo* der Toskana und damit letztlich die Gedichte Dantes und Petrarcas sollen auf einen sizilianischen Anreger zurückgehen.

Enzio, blonder und sangesgewaltiger Sohn aus einer der Affären des Kaisers, fiel 1249 bei einem Gefecht in die Hände der Bologneser und wurde bis zu seinem Lebensende 1272 in einem prächtig ausgestatteten Turm gefangengehalten. In diesem goldenen Käfig zeugte der von Friedrich II. geliebte Sohn seinerseits Kinder mit adeligen Bologneser Damen und soll mit seufzenden Kanzonen den sizilianischen Stil auch im Norden populär gemacht haben:

> Wie oft hast du es, Liebe, schon vollbracht,
> Daß Leid mein Herz bedrückt, so bitterschwer.
> Nur Qualen sind und Seufzer deine Gaben.
> Es packt die Furcht mich oft mit solcher Macht:
> Ich säh der Freiheit Sonne nimmermehr,
> Vergessen hier und so wie längst begraben.
> Doch soll der Zweifel mich noch nicht besiegen,
> Daß Gaukelbilder nur, mich zu betrügen,
> Was mir des Hoffens Süßigkeit verkündet.
> Wenn dunkle Angst auch oftmals mich beschleicht,
> Daß Stund um Stunde sich die Hände reicht,
> Und tatenlos mein Leben hier entschwindet.

Noch dauerhafter sollte sich eine sizilianische Versform erweisen: das Sonett. Als sein Erfinder gilt – lange vor Petrarcas Laurasonetten – der Notar Giacomo da Lentini, über den die Halbsizilianerin Silvana la Spina 1995 einen historischen Roman im Stile Umberto Ecos vorgelegt hat: *Quando Marte é in Capricorno (Wenn der Mars im Steinbock steht)*. In den Liedern des *Notaio* wird zum erstenmal das Reimschema und die Zweiteilung von Oktave (Achtzeiler) und Sextett (Sechszeiler), die typisch für die »zartesten und stolzesten der Lieder« (Schlegel) ist, angewandt.

> Wie dieses Antlitz keines mir gefällt,
> Zu neuer Hoffnung seine Schönheit zwingt,
> Dies Antlitz oft mir Tröstung zugesellt,
> Das anmutvolle, das auch Leid mir bringt.
> Dies Antlitz, ihr, der Schönsten, zugesellt,
> Dies strahlende mit Jubel mich durchdringt.
> Von diesem Antlitz spricht die ganze Welt,
> Dem standzuhalten keinem doch gelingt.

Wer hat auch Augen je, wie diese schön,
Und jemals so verliebter Blicke Zier,
Solch Lächeln je um einen Mund gesehn?
Da ich es sage, sterbe ich vor ihr,
Und gleich scheints mir ins Paradies zu gehn ...
Kein Liebender ist mehr vergleichbar mir.

Tour

Von sizilianischer (im Gegensatz zu apulischer) Seite hat sich bis heute kein besonderes Verhältnis zu dem Kaiser, der in Palermo aufwuchs und ihre Sprache groß
gemacht hat, herausgebildet. Er läßt sich zu leicht in das Schema vom fremden Eroberer einordnen, um zu erkennen, daß er, wenn er denn irgendwo zu Hause war, es am
ehesten in Süditalien war, wo er auch als König von Sizilien bestattet werden wollte.
Die Friedrichwallfahrtsstätte in Palermo ist natürlich sein Grab im Dom. Ansonsten
begegnet man dem Staufer – wie in Apulien – meistens in Wehrbauten: Das Castello
Ursino von Catania mit dem Stauferwappen, der befestigte Jagdturm in Enna sowie der
italienische Kriegshafen Augusta, der seinen kaiserlichen Namen 1232 von Friedrich II.
verliehen bekam, erinnern an den Fürsten, der Sizilien gut 40 Jahre beherrscht hat.

 *Gastarbeiter*

Entfremdung oder Heimkehr

Lucky Luciano und Cagliostro – *Conversazione in Sicilia* – Deutsch dichten? – Palermo-Wolfsburg – Der Bus nach Sindelfingen

_____ Auswanderung ist eine Chance. Einigen wie Kardinal Mazarin oder Frank Sinatra verhalf und verhilft sie zu einem traumhaften Aufstieg, wie er wohl im verkrusteten Gesellschaftssystem der Insel unmöglich gewesen wäre. Generationen haben die Insel oft aus blanker Not, oft aber auch mit der Hoffnung, sich selbst zu verwirklichen, verlassen. Allein 1913 gingen hundertvierzigtausend Sizilianer, meist nach Übersee. Manche hingen ein Leben lang sehnsüchtig-sentimental an der alten Heimat, manche versuchten, sie möglichst schnell abzuschütteln. Wie etwa Graf Cagliostro, Weltenbummler, Freimaurer, Gesellschaftsmagier, Kabbalist und wahrscheinlich Drahtzieher der Halsbandaffäre, die Marie Antoinette letzten Endes Thron und Leben kosten sollte. Publikumswirksam pflegte er seine Herkunft in mystisches Dunkel zu hüllen, sich als in der Kindheit nach Arabien verschlagener Adelssproß auszugeben. Unter der Hand wußte man es besser: Goethe verwendete einen stattlichen Teil seines palermitanischen Aufenthaltes darauf, den Gerüchten nachzuspüren, Cagliostro sei kein anderer als ein gewisser Joseph Balsamo, der nach einer halbkriminellen Karriere entwichen sei. Immerhin hat der Tausendsassa ihn zu dem Schauspiel *Der Großkophta* und Schiller zum *Geisterseher* inspiriert. In S. Leo in den Marken starb der selbsternannte Graf aus der palermitaner Unterschichtsfamilie nach langer Haft im Kerker.

Dieser wurde einem Emigranten mit weit größerer krimineller Energie bald erlassen. Lucky Luciano (1897–1962), in dem ärmlichen Schwefelarbeiterstädtchen Lercara Friddi geboren, legte eine Blitzkarriere hin: Als Neunjähriger Auswanderung mit den Eltern in die USA, mit fünfzehn Drogenkurier in Brooklyn, mit vierunddreißig Chef der amerikanischen Mafia. 1936 wegen Zwangsprostitution zu dreißig Jahren Zuchthaus verurteilt, fädelte er die Unterstützung der Mafia bei der alliierten Eroberung Siziliens mit ein und wurde zum Dank 1946 nach Italien abgeschoben, wo er von Neapel und Capri aus den Rauschgiftschmuggel energisch ankurbelte. Trotz aller italienischen Erfolge fühlte sich Luciano im Grunde seines Herzens als Amerikaner, sehnte sich in die USA zurück. Als er endlich zurückkehren durfte, um als Berater in einem Hollywoodfilm über sich selbst mitzuwirken, ereilte ihn das Schicksal. Der Filmboß, der 1962 den Vertrag besiegeln wollte, fand einen sterbenden Mann. Man hatte heimlich die Arzneikapseln des Herzkranken geleert.

Wenige Auswandererleben sind so spektakulär verlaufen. Aber fast alle haben den gleichen Grundkonflikt gespürt. Die, die als fleißige Arbeitskräfte um die Jahrhundertwende nach Argentinien und in die USA gingen, die Nachkriegsgastarbeiter in Deutschland und die riesige Sizilianerkolonie Mailands, der intellektuellen Nebenhauptstadt Siziliens. Das Doppelleben, die Entfremdung und gleichzeitige Vertrautheit gegenüber der alten Heimat. Und manchmal ist daraus eine regelrechte Wiederentdeckung, eine Spurensuche geworden. Privat und in der Literatur.

Das Eintauchen in die archaische Welt des Mezzogiorno, des Südens, und sei es auch nur als Landschaft der Sehnsucht, der verlorenen Kindheit, ist seit Giovanni Vergas Romanen eines der großen Themen der italienischen Literatur (und später des Films) vom Verismo bis zum Neorealismo geworden. Oft ist es verbunden mit Erweiterung und Bereicherung der eigenen Existenz wie bei Carlo Levis *Christus kam nur bis Eboli* oder dem faszinierendsten sizilianischen Beispiel, Elio Vittorinis (1908–66) *Gespräch in Sizilien* (*Conversazione in Sicilia* 1938 bzw. 1941). Die Heimkehr eines seit fünfzehn Jahren im Mailänder Verlagswesen arbeitenden Setzers an die Stätte seiner Kindheit wird zur Identitätssuche in einer schweren Sinnkrise. Nach drei Tagen bei seiner Mutter, einer starken, ursprünglichen und autarken Persönlichkeit, nach Gesprächen über intimste Fragen, nach dem Kennenlernen von Menschen, die in ihrer geschlossenen Welt wie selbstverständlich aufgehen, verläßt der Held seine Heimat wieder: als Fremder, aber geheilt.

Die Fremdheit des Emigranten wird ihm schon auf der Schiffsüberfahrt von Kalabrien nach Messina deutlich. Er ist allein unter Sizilianern, trifft trotz Anbiederungsversuchen den rechten Ton nicht, redet wie ein Fremder und akzeptiert schließlich mit einer Lüge größtmögliche Fremdheit.

… das Schiff war voll kleiner Sizilianer aus der dritten Klasse, die hungrig und sanftmütig froren, ohne Mantel, die Hände in den Hosentaschen, den Rockkragen aufgestellt. Ich hatte in Villa San Giovanni etwas zu essen gekauft, Brot und Käse, und aß auf dem Deck mit Lust und Appetit, Brot, rauhe Luft, Käse, weil ich in diesem Käse den alten Geschmack meiner Berge erkannte und sogar ihre Gerüche, Ziegenherden, Rauch von Wermutstauden. Die kleinen Sizilianer sahen mir, die Schultern unterm Wind gebeugt und die Hände in den Taschen, beim Essen zu, sie waren dunkel im Gesicht, aber sanftmütig, mit einem Viertagebart, Arbeiter, Taglöhner aus den Orangenpflanzungen und Eisenbahner mit den grauen, rotbordierten Mützen der Streckenarbeiter. Ich lächelte ihnen beim Essen zu, und sie sahen mich ohne Lächeln an.

»Es geht doch nichts über unseren Käse«, sagte ich. Niemand antwortete mir, alle sahen mich an, die Frauen von umfangreicher Weiblichkeit auf großen Säcken mit ihren Habseligkeiten sitzend, die Männer stehend, klein und wie versengt vom Wind, die Hände in den Taschen.

Und ich sagte wieder: »Es geht doch nichts über unseren Käse.«

Weil ich plötzlich von etwas begeistert war, von diesem Käse, ihn im Mund zu spüren, zwischen dem Brot und der scharfen Luft, den weißen und dennoch herben Geschmack von einst, mit Pfefferkörnern wie jähen Feuerfunken in jedem Bissen.

»Es geht doch nichts über unseren Käse«, sagte ich zum drittenmal.

Da fragte mich einer dieser Sizilianer, der kleinste und sanftmütigste, der gleichzeitig am dunkelsten im Gesicht und am meisten vom Wind versengt war. »Ja, seid Ihr denn auch Sizilianer?«

»Warum nicht?« antwortete ich.

Der Mann zuckte die Schultern und sagte nichts mehr...

»Ein Sizilianer ißt niemals am Morgen«, sagte er plötzlich.

Er fügte hinzu: »Seid Ihr Amerikaner?«

... Die letzten drei Worte sagte er erregt, im Ton schriller Spannung, als wäre es unerläßlich für seinen Seelenfrieden, zu wissen, daß ich Amerikaner wäre.

»Ja«, sagte ich, als ich das sah. »Ich bin Amerikaner. Seit fünfzehn Jahren.«

Eine milde Lüge als Konsequenz der doppelten Entfremdung, der vom Land und der des Intellektuellen, der genug zu essen hat, den Landarbeitern gegenüber. Mit ein paar sentimentalen Geschmackserinnerungen läßt sich verlorene Heimat nicht wiederherstellen. Aber es liegt sehr nahe, sich mit sentimentalen Gefühlen an sie zu erinnern. Eine Erinnerung, die oft die Nähe gar nicht mehr will, die nur die eigene Vergangenheit sucht. Die sich mit schönen Bildern tröstet, wie etwa der größte moderne Lyriker Siziliens, Salvatore Quasimodo (1901–1968), der das nordische Mailand mit seiner fast schon mythisch-entrückten Heimat vergleicht.

Klage um den Süden *(Lamento per il Sud)*
Vergessen hab' ich das Meer, die schwere Muschel,
von sizilianischen Hirten geblasen,
den Singsang der Karren auf den Straßen,
wo der Johannisbrotbaum im Rauch der Stoppeln bebt,
vergessen hab' ich den Schritt der Reiher und Kraniche
in der Luft der grünen Höhen,
im Land und an den Flüssen der Lombardei.
Doch der Mensch beklagt überall das Schicksal einer Heimat.
Niemand mehr wird mich in den Süden bringen.

Emigrantendichtung hat ihre eigenen Gesetze. Nur wenige
schaffen es, mit dem Kopf wirklich von zu Hause wegzu-
kommen. Und vielleicht in beiden Sprachen zu denken, zu
fühlen, die geistige Chance der Auswanderung zu begreifen.
Einer von ihnen ist Saro Marretta, Schweizer Lehrer und
Dichter, 1940 in Ribera bei Agrigent geboren. Er schreibt in
Italienisch und Deutsch über die Haßliebe zur alten Heimat
und die schwierige Abnabelung.

Meinen Kopf hätte ich hingegeben,
nicht fortgehen zu müssen ...
Doch mein Gang gleicht dem Kreuzweg:
von einer Station zur anderen;
Dornen links und rechts,
bei jedem Fehltritt ...
Lange noch tanzten sie vor mir,
eure Wackelmäuler. Nachts
überfallen sie meine Brust.
Ich wollte, ich wäre nie geboren worden
in eurem Dorf. Ich wollte,
daß das Meer euch ersäufte
samt Orangen und Oliven
hinterrücks, an einem sonnigen Morgen.
Ich wollte eure Sprache verleugnen,

sie ist so mager wie die Hunde,
die ihr tot auf den Viehpfaden hinterlaßt.

Für manche daheimgebliebenen Literaten wie Giuseppe Fava
war Auswanderung einfach eine der typischen sizilianischen
Plagen. In seinen sozialkritischen Romanen hat er sie immer
wieder als Form totaler Entfremdung beschrieben. In *Ehrenwerte Leute (Gente di rispetto)* gelingt es der Lehrerin Elena,
die in die Geschicke eines gottverlassenen Bergdorfs ver-
wickelt wird, ihren Liebhaber Michele endlich zum Sprechen
zu bringen – warum er nicht auswandert:

»Ein Mensch, der hier zur Welt kommt, muß an einem
bestimmten Punkt seines Lebens eine Entscheidung treffen. Er hat drei Möglichkeiten. Die erste ist: Weggehen,
nach Mailand oder Deutschland oder Australien. In
irgendein Land der Erde. Alles verlassen, was er kennt.
Sein Haus, seine Verwandten, die Freunde … Er gräbt
ein Loch und wirft alle wichtigen Dinge hinein: Fotogra-
fien, Schulbücher, Erinnerungen … Er stirbt praktisch
zweimal …«
»Der zweite Weg ist schwieriger: Hierbleiben, in diesem
elenden Kaff, aber sich einrichten und versuchen wie ein
Herr zu leben. Du trittst in eine Partei ein, suchst dir
starke Freunde und nimmst, was du kriegen kannst, egal
mit welchen Mitteln: Hinterlist, Schmeichelei, Freund-
schaft, Gewalt …«
»Auch Mord?«
»Auch Mord. So ist es seit Jahrhunderten von Jahren. In
jeder Generation wird diese Wahl von etlichen getroffen.
Und dann gibt es den dritten Weg …«
»Du richtest dich ein mit den Dingen, die dein kleines
Leben bedeuten: mit diesem sterbenden Ort, den alten
Häusern, der Armut und der Dummheit …«

In Favas *Passione di Michele* wählt Michele Calafiore, ein Junge aus Palma di Montechiaro, ein Durchschnittsverlierer, den ersten Weg. Er geht nach Wolfsburg, arbeiten. Er geht nach Berlin, Peepshow schauen. Und er verliebt sich in Gabriele, eine Deutsche, die ihn nur als Lockvogel benutzt. Am Abend, als er das erfährt, gerät er mit ihren deutschen Freunden, nicht gerade friedliche Burschen, aneinander und ersticht die beiden. Das deutsche Gericht spricht ihn schließlich wegen Notwehr frei, aber verstehen kann es ihn nicht, die Kulturen bleiben sich fremd. Werner Schroeter hat daraus 1980 den Film *Palermo-Wolfsburg* gemacht.

Die Emigration hat auch die Insel selbst geprägt. Je abgelegener ein Ort, lautet eine Faustregel, desto ärmer, desto mehr Auswanderung und in Folge desto mehr moderne Betonhäuser von Heimkehrern. Gerade im Landesinneren, in den Bergstädten der Madonie, in den Provinzen Enna und Caltanissetta, wird man immer wieder auf deutsch angesprochen und bekommt zu einer Geschichte auch meist einen *caffè* sowie vergilbte Fotos der fernen Arbeitsstadt und Jugend zu sehen. Wenn auch immer noch einmal wöchentlich ein Bus von der barocken Landarbeitersiedlung Mirabella Imbaccari ins schwäbische Sindelfingen fährt, die meisten Sizilianer sind nach Sizilien zurückgegangen.

Auf den Fährten des Gattopardo

Der Lebensstil einer Klasse

Giuseppe Tomasi di Lampedusa – Tod und Nachruhm –
Das Labyrinth von Donnafugata – Villen in
Bagheria – Der Dichterfürst und Alexandra Wolff-Stomersee

71

_____ 1954 begleitet Giuseppe Maria Fabrizio Vittorio Tomasi, Herzog von Palma und Fürst von Lampedusa (1896–1957), seinen Schwager Lucio Piccolo, der trotz seines schlichten Namens ein elegante Verse im Stil des spanischen Barocks schmiedender Baron war, zu einem Dichterkongreß. Ein Schlüsselerlebnis: Die mediokre Qualität des Gebotenen überzeugte den Edelmann, der bisher lediglich in Aufsätzen etwa über Stendhal dilettiert hatte, selbst zur Feder zu greifen. Er verfaßte eine Familiengeschichte, das Leben des *Gattopardo (Leoparden)*, des Fürsten von Salina, eines kaum verhüllten Pseudonyms für seinen Großvater, der das Wendejahr 1860 mit dem Zusammenbruch des bourbonischen Königreichs Beider Sizilien miterlebt hatte.

Schon schwer lungenkrank zeigte er das Manuskript der Tochter des Philosophen Benedetto Croce, die es an den Mailänder Großverlag Mondadori weiterleitete. Der Cheflektor Elio Vittorini, Sizilianer, PCI-Mitglied und dem literarischen Dogma eines bäuerlich-proletarischen Südens verhaftet, lehnte die »Herrenliteratur« ab. Dafür griff der unorthodoxe Giangiacomo Feltrinelli, später »Verleger der Roten Brigaden«, zu. Als 1958 der Erstdruck erschien, war Lampedusa tot. Es wurde ein Welterfolg, Stoff, aus dem die Legenden sind. Und der bald von Luchino Visconti mit Burt Lancaster, Alain Delon und Claudia Cardinale verfilmt wurde.

Lampedusa hat mit diesem Insider-Roman den Lebensstil einer Klasse als literarisches Milieu etabliert, deren Zeit schon lange vorbei war. Nostalgisch-sentimentale Adelsliteratur über verfallene Herrlichkeit gibt es in vielen Kulturen. Aber der sizilianische Hochadel hat den meisten doch noch etwas an morbidem Flair voraus. Schon zeitlich: Denn die sizilianische Nobilität verlor ihren politischen Rang nicht erst 1918, sondern schon 1860, als Garibaldi das letzte bourbonische Königspaar, Franz II. und die Wittelsbacherin Maria Sophia, vertrieb. Damit liegt ihr Untergang sogar noch ein paar Jahre vor einer der ergiebigsten »Herrenhausliteraturlandschaften«, den amerikanischen Südstaaten.

Aber auch ein Blick auf ihre Monumente im Land selbst macht den Niedergang Beider Sizilien evident. Bis in die allerjüngste Gegenwart hat man die Palazzi des spanisch-normannischen Inseladels nicht geliebt, sondern in grandioser Verachtung verfallen lassen. Zu stark wirkte die *leyenda negra*, die »Schwarze Legende«, die den wirtschaftlichen Niedergang des einst so reichen Siziliens der spanischen Zwingherrschaft und ihren lokalen Adelsrepräsentanten anlastete. Den bröckelnden Palazzi hat schließlich die ungezügelte Bauspekulation der Nachkriegszeit den Rest gegeben und historische Ensembles in ein Geflecht aus halbfertigen Betonappartements und Stacheldrahtzäunen gezwängt. Ein typisches Beispiel ist Bagheria, einst in den schwülen Sommermonaten *Villeggiatura* des Stadtadels von Palermo: Heute ist die von Goethe als antiklassizistisches Tollhaus verachtete Villa Palagonía, mit dem Gewimmel ihrer Tuffstatuen eine authentische *folly* des Settecento, erbärmlich verbaut.

Dacia Maraini, über ihre Mutter mit den großen Adelsfamilien der Insel verwandt, in Japan und Bagheria aufgewachsen, hat diese elegische Verfallsstimmung in ihren Kindheitserinnerungen festgehalten:

Die Statue der Göttin Ceres mit ihrem Füllhorn voller Früchte liegt enthauptet auf der Erde. Das Coffee House aus emailliertem Eisen hängt ganz schief, die eisernen Gitter, über die emsige Ameisen laufen, sind verrostet; der Boden ist von ungestümen Wurzeln einer Robinie

geborsten und aufgeworfen; in dieser allgemein herr-
schenden Vernachlässigung konnte die Pflanze den
ganzen Garten ungehindert mit ihren wilden Trieben
durchwuchern ...
Die Tuffsteinmauer, die den Garten umschließt, ist, wie
ich sehe, bröckelig und teilweise eingestürzt. Stücke von
der Balustrade sind ins Tal hinuntergekollert. Zur Seite
hin, wo man einst auf einen sanftgeschwungenen Hügel
blickte, dessen Kiesrücken grau und faltig war wie eine
Elefantenhaut, sieht man nun eine Wunde, und aus der
Wunde wächst bonbonrosa ein gräßliches neues Miets-
haus hervor. Dem Hügel wurde der Kopf abgehackt und
der Bauch aufgeschlitzt, die Bäume sind gefällt, alles ist
zerstört ...

Zurück zu Tomasi di Lampedusa. *Der Leopard*, mit opulenter
Erzählfreude verfaßt, die an die Fabulierlust südamerikani-
scher Romanciers denken läßt, ist vordergründig – wie seine
Viscontiverfilmung – ein »Ausstattungsroman«. Eine typische Passage bildet etwa die Erforschung des labyrinthischen
Palastes von Donnafugata, wohin die Familie vor den garibaldinischen Wirren flieht, durch das junge Liebespaar
Tancredi und Angelica. Ein Ambiente, das den *luoghi della mia
prima infanzia* (den Stätten meiner frühen Kindheit) Lampedusas nachempfunden ist.

Tancredi wollte, Angelica sollte den ganzen Palast kennenlernen in seiner unentwirrbaren Gesamtheit: Gäste-
flügel, Repräsentationsräume, Küchen, Kapellen, Theater, Bildgalerien, nach Leder duftende Wagenschuppen,
Stallungen, schwüle Gewächshäuser, Durchfahrten,
Treppchen, kleine Terrassen und Bogengänge, und vor
allem eine Reihe von seit Jahrzehnten aufgegebenen
unbewohnten Räumen, die ein labyrinthisches, geheim-
nisvolles Gewirr bildeten. Tancredi machte sich nicht klar

(oder er machte es sich sehr wohl klar), daß es das junge
Mädchen zur verborgenen Mitte des sinnlichen Wirbel-
sturms hinzog; und Angelica wollte in jener Zeit das, was
Tancredi beschlossen hatte. Die Streifzüge durch das fast
unbegrenzt große Gebäude nahmen kein Ende; man
brach auf wie zu einem unbekannten Land, und unbekannt war es wirklich, denn in viele dieser Räume und
gebogenen Gänge hatte nicht einmal Don Fabrizio je den
Fuß gesetzt, was ihm im übrigen Grund besonderer
Genugtuung war; er pflegte nämlich zu sagen, ein Palast,
in dem man alle Zimmer kenne, sei es nicht wert,
bewohnt zu werden. Die beiden Verliebten schifften sich
nach Cythera ein, auf einem Schiff, das düstere und son-
nige Räume enthielt, prunkvolle oder jämmerliche, leere
oder solche, die vollgestopft waren mit Überbleibseln
verschiedenartigen Mobiliars . . .
Einmal war die Überraschung von anderer Art. In einem
Zimmer des alten Gästeflügels bemerkten sie eine von
einem Schrank verborgene Tür; das hundert Jahre alte
Schloß gab bald nach unter jenen Fingern, die Freude
daran hatten, wenn sie sich, um es zu sprengen, kreuzten
und gelinde rieben: dahinter wand sich eine lange,
schmale Treppe mit ihren kleinen rosa Marmorstufen in
weichen Windungen empor. Oben wieder eine Tür,
offen, dick gepolstert, aber der Stoff war zerrissen; dann
eine anmutige, sonderbare Flucht kleiner Zimmer, sechs,
rund um einen Salon mittlerer Größe; und der Salon
selbst mit Bodenplatten vom weißesten Marmor, die ein
wenig geneigt, seitlich zu einer kleinen Rinne abfielen.
An den niederen Decken wunderliche bunte Stuckverzie-
rungen, die zum Glück die Feuchtigkeit unkenntlich
gemacht hatte; an den Wänden große, erstaunte Spiegel,
allzuweit nach unten gehängt, einer von einem Schlag
fast in der Mitte zertrümmert, ein jeder mit dem gewun-
denen Kerzenhalter der Rokoko-Zeit. Die Fenster gingen

auf einen abgesonderten Hof, eine Art blinden, tauben Brunnenschacht, der ein graues Licht hereinließ; auf ihn öffnete sich sonst keinerlei Spalt. In jedem Zimmer, auch im Salon, breite, zu breite Diwane, die dort, wo die Nägel steckten, Spuren einer weggerissenen Seide zeigten; mit beflecktem Stoff bezogene Lehnen; an den kleinen, kunstvollen Kaminen wirre Marmorschnitzereien, fiebrig verzerrte, nackte Figuren, die jedoch gemartert, verstümmelt waren von einem wütenden Hammer ...

Doch hinter der Grandezza einer antiquarischen Lebensform liegt eine tiefere, menschliche Dimension der Einsamkeit. Der Fürst, ein bourbonischer Konservativer, lehnt die aktive Mitarbeit im neuen Einheitsitalien ab, aber er versteht es, seinen Neffen und Protegé Tancredi so zu plazieren, daß der Einfluß der Familie gewahrt bleibt. Der Preis dafür ist hoch. Er opfert das Glück seiner Tochter Concetta für einen Neffen, der sich schließlich als skrupelloser Karrierist erweist, er verrät seine eigenen Ideale zwar nicht aktiv, aber passiv. Die Tragik des Wertkonservativen gegenüber dem Fortschritt, eine Situation, in der er eigentlich nur verlieren kann: seine Seele, indem er mitmacht, seine Gestaltungsmöglichkeiten, wenn er sich heraushält. Denn die Wertung der Moderne, die Wertung Siziliens, die der Leopard vornimmt, ist illusionslos. Es wird sich nichts ändern an Unterdrückung und Ausbeutung in diesem stolzen Land, nur die neuen Herren werden nicht mehr die Klasse und den Stil der Leoparden haben.

Wir waren die Leoparden, die Löwen: unseren Platz werden die kleinen Schakale einnehmen, die Hyänen; und alle zusammen, Leoparden, Schakale und Schafe, werden wir weiter daran glauben, daß wir das Salz der Erde seien.

Kenner der sizilianischen Literatur fühlten sich beim Erscheinen des *Gattopardo* sofort an eine andere große sizilianische Adelssaga erinnert. Federico de Robertos historischer Roman *Die Vizekönige (I Viceré)* von 1894 schildert in epischer Breite einen ähnlichen Adaptionsprozeß des bis auf die Knochen bourbonischen Hauses Uzeda an den neuen Nationalstaat Italien. Die etwas hektische Großfamilie, die von Liebes- und Geldaffären gebeutelt wird, arrangiert sich schließlich mit den neuen Verhältnissen, ein Uzeda wird sogar Bürgermeister von Catania und römischer Abgeordneter.

Der Knabe, der noch ein wenig von den vielen Eindrücken des Tages verwirrt war, fragte:
»Was ist denn das, ein Deputierter?«
»Die Deputierten«, erklärte sein Vater, »sind die Leute, die in der Abgeordnetenkammer dem Land seine Gesetze geben.«
»Dann ist es also nicht der König, der sie macht?«
»Der König macht sie zusammen mit den Deputierten; er kann nicht alles allein machen. Solange es noch Vizekönige gab, waren wir in unserer Familie Vizekönige; heute gibt es ein Parlament, und unser Onkel ist Deputierter.«

Da ist der Schritt tatsächlich nicht weit zu einer Schlüsselstelle des *Leoparden*, wo Tancredi seine politische Kehrtwendung zum piemontesisch-garibaldinischen Einheitsitalien erklärt:

Sind nicht auch wir dabei, so denken sich die Kerle noch die Republik aus. Wenn wir wollen, daß alles bleibt wie es ist, dann ist nötig, daß alles sich verändert.

Tomasi di Lampedusas Buch ist ein Klassiker geworden. Es mag eine Zeitlang durch seine millionenfache Verbreitung ein einseitiges, zu gefälliges Sizilienbild heraufbeschworen haben. Aber es hat insgesamt das Spektrum sizilianischer

Selbstdefinition ungeheuer erweitert. Als der *Leopard* erschien, war es fast provozierend, der larmoyanten Lehrmeinung vom ewig unterdrückten Sizilien ein pralles Bild der Adelskultur gegenüberzustellen, die dieses Land hervorgebracht hat. Heute erkennt man, daß man auch den kulturellen Reichtum, den die »Eroberer« und »Unterdrücker«, die oft in einer Generation zu Sizilianern wurden, mitgebracht haben, nicht brachliegen lassen sollte. Alle Facetten, auch die der scheinbar ausländischen Hochkulturen, die sich auf sizilianischem Boden mit Sizilianern verwirklichten, zu akzeptieren, ja sie selbstbewußt als Eigenes zu reklamieren wäre die sizilianische Form der Vergangenheitsbewältigung.

Tour

Man kann penibel den teils fiktiven Stätten des *Gattopardo* hinterherreisen. Aber es ist aufwendig und nur für den Spezialisten interessant. Denn der Stadtpalast in Palermo wurde 1943 ausgebombt, der Palazzo Cutò-Filangieri in S. Margherita di Belice, der als Vorbild für Donnafugata gilt, bei dem Erdbeben von 1968 schwer in Mitleidenschaft gezogen, das Liberty-Café Mazzara in Palermo, in dem der Fürst den Löwenanteil des *Leoparden* schrieb, ist schon lange in das Restaurant Charleston verwandelt. Der Familiengeschichte der Lampedusas, die immerhin auch einen Heiligen hervorgebracht haben, läßt sich in Palma di Montechiaro, einst ihre Lehensstadt, nachspüren. Am einfachsten ist es, dem Grab des Dichterfürsten und seiner baltendeutschen Gemahlin Alexandra von Wolff-Stomersee seine Reverenz zu erweisen. Die beiden liegen auf dem modernen Kapuzinerfriedhof von Palermo, gleich neben den Katakomben.

Man kann aber auch versuchen, das spätbarocke Lebensgefühl der *Gattopardo*-Schicht einzufangen. Etwa in der Villa Lucio Piccolos in Capo d'Orlando oder in den barocken Planstädten Ostsiziliens, die nach dem furchtbaren Erdbeben von 1693 vom damals noch reichen Adel aus honiggelbem Sandstein wiederaufgerichtet und verschwenderisch mit geschwungenen Kirchen- und Konventfassaden ausgestattet wurden. Und vielleicht hat man ja auch das Glück, in Noto, Ragusa, Scicli oder Modica in einen der meist gähnend leeren Adelsclubs geladen zu werden, die sich für gewöhnlich mit dem Namen *Circolo di Cultura* bescheiden, auf riesigen Sofas eine Tasse Kaffee zu schlürfen und Deckenfresken zu bestaunen.

Banditen, Sozialisten, Patrioten, Gebrochene

Rebellion mit Grandeur

Ein sizilianischer Spartakus – Rebellion beim Glockengeläut – Bourbonen und Bomben – *Vinti* und *fasci* – Salvatore Giuliano, König der Briganten

_____ Ein Rebellendenkmal im Herzen Siziliens, das auffällt: Vor dem Castello di Lombardia in Enna steht die Bronzestatue eines nackten Mannes mit Bodybuilding-Körper und Bürstenhaarschnitt à la James Dean. Er schreit mit aller Kraft und reckt zerbrochene Ketten in die Luft. Die Sizilianer galten schon in der Antike als Erfinder der Rhetorik, die pathetische Inschrift neben dem Koloß wird diesem Ruf gerecht:

> Zweitausend Jahre bevor Abraham Lincoln die unselige Schar der Sklaven befreite, schleuderte der schlichte Sklave Eunus von dieser sikanischen Festung den Ruf der Freiheit, das Recht jeglichen Menschens bestätigend, frei geboren zu werden und frei zu sterben.

So geschrieben um 1960, ein stolzer und rührender Versuch, den schlechten Ruf beim großen Bruder Amerika aufzupolieren, ein Sizilien der Menschenrechte und der Freiheitskämpfer zu postulieren: Die Nachkriegs-Banditenträume Turi Giulianos, die Insel kurzerhand zu einem amerikanischen Bundesstaat zu machen, waren noch nicht ganz verraucht.

Eunus war zwar Sklave, aber er war nicht schlicht, sondern stammte aus einer vornehmen syrischen Familie. Wie zahllose Kriegsgefangene war er nach Sizilien deportiert worden, wo die Latifundienwirtschaft dieser ersten »außeritalischen« Provinz des Römischen Reiches Arbeitssklaven in Massen benötigte.

Als die Sklaven der Insel nach Schikanen und Quälereien, die selbst staatsloyale Geschichtsschreiber wie Diodorus

Siculus aus Argyra empörten, sich 135 v. Chr. gegen ihre Herren erhoben, krönten sie den gebildeten Haussklaven, der durch seine Wahrsagekunst aufgefallen war, zum König. Eunus, der den seleukidischen Königsnamen Antiochos annahm, zeigte Format und verhinderte Ausschreitungen, so daß er sogar Teile des einheimischen Bürgertums für seinen improvisierten Staat gewann. Erst als Rom nach drei Jahren zwanzigtausend Mann Elitetruppen schickte, brachen die Sklaven in die Knie. Rebellion in Sizilien wird erbarmungslos geahndet. Die Sieger warfen Eunus in den Kerker, wo er von Läusen bei lebendigem Leibe aufgefressen wurde, und schlugen angeblich zwanzigtausend seiner Mitstreiter ans Kreuz. Spartakus' Vorgänger waren gescheitert.

Auch im Mittelalter setzten die Sizilianer rebellische Maßstäbe: Die sizilianische Vesper des Ostermontags 1282, die Vertreibung der Anjou aus Sizilien, ist von italienischer Warte begeistert als erster Nationalaufstand gewertet worden. Heute hat die Forschung ermittelt, daß der Ärger über die Verlegung der Hauptstadt sowie byzantinische Agenten und aragonesische Bestechungsgelder nicht ganz unbeteiligt an dieser »Volkserhebung« waren.

Nach dieser Revolte, in deren Folge ein aragonesischer König gewählt wurde, war Sizilien jahrhundertelang auf Gedeih und Verderb an die spanische Politik gebunden und wurde im 17. Jahrhundert in die spanischen Staatsbankrotte mit hineingezogen. Hundert Jahre später, unter den reaktionären neapolitanischen Bourbonen, war die einstige Kornkammer in weiten Teilen verelendet, »sizilianische Verhältnisse« wurden in Europa fast sprichwörtlich für menschenverachtende Unterdrückungspolitik. Spontan ergriff viele Reisende Entsetzen oder Wut angesichts der obwaltenden sozialen Verhältnisse. Der Spaziergänger Seume empörte sich:

Nie habe ich eine solche Armut gesehen, und nie habe ich sie mir so entsetzlich denken können. Die Insel sieht im Innern furchtbar aus. Hier und da sind einige Stellen bebaut; aber das Ganze ist eine Wüste, die ich in Amerika kaum so schrecklich gesehen habe. Zu Mittag war im Wirtshause durchaus kein Stückchen Brot zu haben. Die Bettler kamen in den jämmerlichsten Erscheinungen, gegen welche die römischen auf der Treppe des spanischen Platzes noch Wohlhabenheit sind; sie bettelten nicht, sondern standen mit der ganzen Schau ihres Elends, nur mit Blicken flehend, in stummer Erwartung an der Tür. Erst küßte man das Brot, das ich gab, und dann meine Hand. Ich blickte fluchend rund um mich her über den reichen Boden und hätte in diesem Augenblick alle sizilischen Barone und Äbte mit den Ministern an ihrer Spitze ohne Barmherzigkeit vor die Kartätsche stellen können. Es ist heillos.

1820 brach die erste der großen sizilianischen Revolten des 19. Jahrhunderts aus. Ferdinand I., König Beider Sizilien, hatte, als er vor den napoleonischen Truppen 1806–15 auf die Insel floh, zwei Versprechen getan. Er wollte im Falle seiner Rückkehr nach Neapel dem heiligen Franziskus von Paula eine Votivkirche errichten und den Sizilianern eine Verfassung geben. Diese kam auch 1812 auf englischen Druck hin zustande, aber als Ferdinand 1816 zurückkehren konnte, wurde sie widerrufen und dafür die Kirche gebaut. Die Carbonari-Aufstände 1820 waren die Reaktion auf diesen Affront. Österreichische Truppen im Auftrag der heiligen Allianz würgten 1821 den Versuch Siziliens ab, in den Rang der freien, zivilisierten Nationen aufzusteigen.

Die 1848er Revolution brach eher in Sizilien als in Paris und Deutschland aus. *Fatti precorrendo ed idee* (Avantgarde der Taten und Ideen), wie eine Inschrift am Domplatz von Messina stolzgeschwellt verkündet, erhob sich die liberale Handelsstadt bereits 1847 gegen das bourbonische Joch. Ein sizilianisches Parlament erklärte die Bourbonen für abgesetzt.

Fast ein Jahr war die Insel frei, bevor sie sich den Kanonenbooten Ferdinands II. ergeben mußte, der sich damit den wenig schmeichelhaften Namen *Re Bomba* (König Bombe) einhandelte. Die Durchhalteappelle des republikanischen Volkstribuns Giuseppe Mazzini, im Originalton Risorgimento, hatten Waffen nicht ersetzen können:

Sizilianer!
Ihr seid groß. Ihr habt, in wenigen Tagen, sehr viel mehr für Italien, unsere gemeinsame Heimat getan, als wir alle ... Ihr habt, in einem feierlichen Moment der Inspiration, bei eurem Gewissen und Gott einen Ratschluß gefaßt; beschlossen, frei sein zu wollen; gekämpft; gesiegt und die Mäßigung der Starken im Sieg gewahrt. Und Euer Sieg hat ... das Schicksal Italiens gewandelt ...

Dennoch war der Nährboden bereitet für die dritte, die erfolgreiche Revolution, die eher eine Eroberung durch Garibaldi und seine Freischärler war. Die Zeit war reif: 1858 war Österreich aus Lombardo-Venetien vertrieben worden und unter piemontesischer Führung das (auf Norditalien beschränkte) Königreich Italien ausgerufen worden. Mit den legendären tausend Rothemden, Patrioten, Revolutionären und exilierten Sizilianern war der in Nizza geborene Condottiere 1860 in Genua in See gestochen und in Marsala gelandet, um die bourbonischen »Tyrannen« zu vertreiben. Die Insel war schlecht verteidigt, die starke sizilianische Freimaurerei unterstützte die Garibaldiner vorbehaltlos, es wurde ein Siegeszug, der über die Schlacht von Calatafimi nach Palermo und Neapel führte. Karl Marx schrieb respektvoll:

In der ganzen Geschichte der Menschheit hat kein Land und kein Volk so fürchterlich unter Sklaverei, Eroberungen und fremder Unterdrückung gelitten, hat kein Land und kein Volk so tapfer für seine Emanzipation gekämpft wie Sizilien und die Sizilianer.

83

Die republikanisch-sozialistischen Hoffnungen, die viele Garibaldiner an die Eroberung geknüpft hatten, sollten sich nicht erfüllen. Graf Camillo Cavour, Ministerpräsident des ersten italienischen Königs, hielt als Diplomat die Fäden in der Hand und überzeugte den *dittatore* Garibaldi, Süditalien mittels Volksabstimmung mit dem Königreich Italien zu vereinen. Die Zustimmungsquote lag bei verdächtigen neunundneunzig Prozent.

Die Enttäuschung über den Anschluß kam bald. Ein ökonomisch potenter bürgerlicher Norden war mit einem archaischen, halbfeudalklerikalen Süden vereint worden, ohne daß man in Zeiten des absoluten Wirtschaftsliberalismus an Maßnahmen zur sozialen Abfederung gedacht hätte. Dazu kam die mentalitätsmäßige Entfremdung beider Landeshälften, die seit dem fernen Jahre 476 n. Chr. politisch getrennt waren. Der entmachtete bourbonische Adel grollte sowieso, das Kleinbürgertum, die kleinen Handwerker des Südens konnten mit den industriellen Erzeugnissen des Nordens nicht mithalten und verelendeten (und mit ihnen die Altstädte). Für die Bauern wurde nichts getan, im Gegenteil, sie wurden auf einmal staatlich erfaßt, sie mußten Steuern zahlen, und ihre Söhne, unersetzliche Arbeitskräfte, wurden aufgrund der neu eingeführten Wehrpflicht eingezogen. Kein Wunder, daß selbst ein so großbürgerlicher Schriftsteller wie Giovanni Verga das Schlagwort von den *vinti*, den Besiegten, prägte.

Jedenfalls brachte der überwiegenden Mehrheit des sizilianischen Volkes jener zunächst enthusiastisch begrüßte Anschluß an die neuen Herren aus dem Norden keine der so dringend ersehnten wirtschaftlichen Erleichterungen. Diese Enttäuschung, verbunden mit den entsetzlichen Arbeitsverhältnissen im Schwefelbergbau, führte dann doch noch zu einer proletarischen Revolte, dem berühmten Fasci-Aufstand mit dem Zentrum Caltanissetta. Er begann legal mit dem Versuch, wie in anderen europäischen Monarchien (etwa dem wilhelminischen Deutschland), die Arbeiterschaft politisch zu organisieren und eine linke Parteiorganisation aufzubauen. Als dies von den örtlichen Machthabern unterbunden wurde, kam es zu Tumulten und unkoordinierten Aufständen von Schwefelarbeitern und Taglöhnern. Die italienische Zentralregierung unter dem sizilianischen Ministerpräsidenten Crispi griff eisern durch, schickte Militär nach Sizilien und ließ die praktisch unbewaffneten Arbeiter niederschießen. Der Fasci-Aufstand endete in einem Blutbad und in dumpfer Verzweiflung, ein nationales Trauma Siziliens, das zum wichtigsten Auslöser der Massenauswanderung um die Jahrhundertwende wurde. Die Fasci aber, dieses zugleich altrömische und gewerkschaftliche Symbol, das demonstrieren sollte, daß viele schwache Zweige zusammen ein starkes Bündel ergeben, blieben als Beispiel für ungerechte Unterdrückung im kollektiven Gedächtnis Italiens, so daß der ursprünglich sozialistische Journalist und Agitator Mussolini sie zum Namen seiner ständestaatlichen nationalistischen Bewegung machen konnte: Die sizilianischen Fasci-Aufstände haben dem Faschismus letzten Endes den Namen gegeben. Und bei manchen sizilianischen Mitgliedern des *Partito Fascista*, wie dem politisch eher desinteressierten Nobelpreisträger Luigi Pirandello, hat man sich ernstlich die Frage zu stellen, ob sie nicht auch deswegen in die Partei eintraten, weil sie in ihr eine Art Fortsetzung der Fasci von Caltanissetta sahen.

Fasci oder Faschismus, die Lebensverhältnisse der Bauern auf den großen Gütern blieben bis nach dem Zweiten Weltkrieg sklavenhaft. Giuseppe Fava hat in seinem Roman *Bevor sie euch töten (Prima che vi uccidano)* mit spätveristischer Erzählfreude einen Landarbeitermarkt beschrieben:

So nahm Turi seinen Sohn am letzten Sonntag im Juli mit auf die Piazza, damit er für ihn einen Herrn fände. Es war der Tag des heiligen Cäcilius, des Schutzpatrons der Taglöhner, Bauern und Schurken, und deshalb fand zugleich der Gesindemarkt statt ...

Um die Mittagsstunde versammelten sich die Gutsherren und Feldhüter auf der Piazza, um die Bauern und Arbeiter für das neue Jahr zu dingen. Hoch zu Pferde drängten sie sich durch die Menge und wählten die größten und kräftigsten aus. Die kleineren Gutsherren suchten vor allem nach Lehrlingen für die Zeit von August bis Juni, weil sie weniger kosteten, gefügiger waren und die meisten Arbeiten besser verrichteten als ein Mann von sechzig. Auch aus den anderen Dörfern des Tales und sogar aus anderen Provinzen kamen die Menschen, die einen Patron suchten. Manche waren so alt, daß sie sich kaum auf den Beinen hielten, und andere noch Kinder von neun oder zehn Jahren. Es gab Männer, deren Gesichter und Schädel von der Sonne verbrannt waren, als hätte man sie skalpiert, und Greise mit schlohweißem Haar, die durch die Menge hinkten.

Sie alle zogen ihre Bahn von einer Seite der Piazza zur anderen, hörten sich die Angebote an oder drängten sich schreiend um das Pferd eines Gutsherrn. Die Piazza und die Stufen der Kirche waren übersät von dieser schwarzen Masse.

Die Feldhüter und die Herren mischten sich auf ihren fuchsroten Hengsten unter das Volk, reckten einen Arm in die Höhe und schrien:

»Dreihundert Lire am Tag und ein Fuder Getreide für das ganze Jahr! Drei Tage Urlaub: Ostern, Weihnachten und den Schutzheiligen!«

Ein hartes und bitteres Brot. Eine Arbeitswoche, die montags bei Morgengrauen begann, wenn die Landarbeiter aus ihren Agrostädten kilometerweit auf staubiger Landstraße auf die Felder zogen, wo sie bis zum Sonnenuntergang schufteten und in den großen *Masserie* meist im Freien nächtigten; Samstag abends dann zurück zur Familie, um sonntags an der Messe teilnehmen zu können.

Und doch, die traditionell sizilianische Art der Empörung war nicht die Revolution, nicht der Sozialismus, nicht Garibaldi. Sie war individueller, chaotischer, folgenloser und permanenter: Der Bandit, der Brigant, der sein Grundrecht auf Freiheit dadurch wahrte, daß er mit der Waffe in die Berge ging und zum Räuber wurde. Gerade die Hirtenkultur, wo man sich gegen Wölfe und Viehdiebe wehren mußte, hat seit der Antike immer wieder derartige alternative Lebensformen gefördert. Die hohe Zeit der Banditen war das 19. Jahrhundert, wo der Übergang zum Freiheitskämpfer oft fließend war und wo der *Brigantaggio* sich sogar eine Zeitlang der Gunst des Papstes erfreute. Nicht alle waren so harmlos wie Gasparone aus der Millöckeroperette, viele liebten es, mit Mord und Grausamkeiten zu prahlen, aber es gab auch ausgesprochen geistreiche unter ihnen. Vittorio Consoli erzählt von einem:

Das Vallo di Catania war in den Jahren, die direkt auf die Revolution von 1820 folgten, Schauplatz furchtbarer Untaten eines grimmigen Banditen: Er hieß Nicolò lo Grasso und führte waghalsige Razzien im Gebiet von Caltagirone und Mineo durch und erreichte binnen eines einzigen Jahres die höchste, bisher vermerkte Zahl an Diebstählen ...
Es war seine Art, wenn er in eine Fattoria platzte, die Männer auf einer Seite und die Frauen auf der anderen aufzustellen und während die ersten damit beschäftigt waren, das Vieh zusammenzutreiben und auf die Karren Weizen und was man sonst fortschaffen konnte zu laden, mußten sich die Frauen sofort an die Kochöfen begeben, um für ihn und seine Bande schmackhafte Mittagsmähler zu bereiten.
Dann, wenn die Tische gedeckt waren, rief Don Nicolò seine Leute zusammen und lud zum Mahle auch seine Opfer, die, gute Miene zum bösen Spiel machend, annehmen mußten.

Und er ging erst weg, als alle, außer ihm und seinen Männern, betrunken waren. Bevor sie nicht ihren Rausch ausgeschlafen hatten, würde so niemand die Gendarmen benachrichtigen.

Wenn man die miserable Ernährung der Landarbeiter damals bedenkt, so mag es sein, daß ihm der heimliche Dank der Opfer galt, die sich so wenigstens einmal satt essen durften.

Zum König der sizilianischen Banditen und zu einer mythischen Gestalt wurde über hundert Jahre später ein armer Bauernsohn aus Montelepre im Bergland westlich von Palermo. Salvatore (Turi) Giuliano, der edle Bandit, der in den 40er Jahren für die Unabhängigkeit Siziliens stritt, der schöne junge Reiter mit den melancholischen Augen, der angeblich in Nightclubs palermitanische Gräfinnen verführte, während die Carabinieri ihn in den Bergen suchten, der politische Naivling, der auf wehrlose Teilnehmer einer Ersten-Mai-Feier schießen ließ, die Marionette, die 1950 von ihrem besten Freund erledigt wurde, als die Mafia ihn nicht mehr brauchen konnte. Dominique Fernandez hat in seiner *Mère Méditerranée*, einem politisch und literarisch scharfsinnigen Reisebericht, den Mann vom Mythos scharf geschieden und an ersterem kein gutes Haar gelassen.

So leichtgläubig, eitel und brutal der Verbrecher von Montelepre auch war, er ist zu einer mythischen Figur geworden, zu dem Helden eines Nationalepos. Er war an sich kein interessanter Mann. Alle seine Reaktionen sind primitiv und kindisch, wild und blutdürstig. Die ›Ehre‹, mit den reaktionärsten alten Adligen Siziliens auf gleichem Fuß gestanden zu haben, er, der kleine Bauer, ein Opfer der Unwissenheit und des Elends, für die aber diese Klasse am meisten verantwortlich ist, stieg ihm vollends zu Kopfe. Von seiner neuen Größe durchdrungen, glaubte er sich mit einer Mission betraut, die ihm das

Recht gäbe, jeden, der ihn nicht als Führer anzuerkennen wagte, ohne Prozeß zu bestrafen und mitleidlos umzubringen.

Dennoch schrieb man Giuliano Eigenschaften zu, die nach dem Herzen des ewig unterdrückten Volkes waren. Die heute aus dem Straßenbild Siziliens verschwundenen *Cantastorie*, Bänkelsänger wie Orazio Strano, erhoben sein Leben und seinen Tod durch heimtückischen Verrat zu epischem Rang. Turi wurde zum Kämpfer fürs Gute wie die *Paladini di Francia* der Rittermärchen.

Der arme Süden, Land der Dulder, Rebellen und Träumer, hat eine Geschichte des Elends, aber auch der Hoffnung und Grandeur der Menschen in der Humanität des Leidens, die weit über vordergründige Effekte veristischer Elendsschilderungen hinausweist. Mario Gori hat eines seiner wenigen Gedichte über diesen großen Süden geschrieben.

Sud (Süden)
Der Süden hat Straßen vom Schlamm
Und Hecken von Agaven und Brombeeren
Und niedrige Häuser, gefärbt von Rauch
Und Frauen, schwarz gekleidet
Die vor den Türen waschen
Und Männer und Maultiere erwarten
Mit Augen der Angst, dunkel vor Dämmerung.
Und Männer hat der Süden
Die tragen alte Soldatenmäntel
Und Mafiamützen
Die rasieren sich einmal die Woche.
Ihre Knochen sind zerschlagen von jahrelanger Feldarbeit
Und ihr Blut dunkel von Schweigen und Liebe
Der Süden erfleht und verflucht
Die schwarzen Heiligen in Prozessionen
Und Alte hat mein Süden noch

Sonnenbettler
Alte, die Wein trinken
Und Binsen binden
Und Netze flicken
Und altes Unglück erzählen.
Man schüttet Öl ins Wasser
Für die Mädchen, die Brüste wie Nüsse haben
Und auf die Bisse der Männer warten
Und dann ins Wasser Salz
Sarazenische Worte murmelnd
Gegen Bösen Blick und Hexerei.
Aber mit zwanzig Jahren gibt man sich weg im Süden
Für eine rote Nelke.

Tour
Abgesehen davon, daß sie kein Touristenziel wäre – die fürchterliche Armut, die einst verzweifelte Rebellionen hervorrief, ist verschwunden. Trotz (oder wegen?) Mafia und Klientelismus. Sizilien hat in der Nachkriegszeit ein unglaubliches Wirtschaftswunder erlebt. Das Landesinnere hat sich durch Auswanderung »gesundgeschrumpft«; Problemfälle sind heute eher die Slums der Großstädte Palermo und Catania mit ihren Rekordarbeitslosenzahlen. Filme wie *Meri per sempre* und *Ragazzi fuori* haben das Schicksal von Kindern, denen wenige Alternativen zu Gewalt und Kriminalität bleiben, ausgeleuchtet.
Geblieben sind Denkmäler, wie der Eunus von Enna und ruhmredige Gedenkplaketten an die Aufstände vor 1860. Das Ergebnis der Volksabstimmung über den Anschluß Siziliens verkündet eine Tafel in der Fassade des Rathauses von Palermo. Die Garibaldi-Inschriften, die den »Helden der zwei Welten« preisen, sind unzählbar. Nur selten wird hingegen an den Fasci-Aufstand oder die Opfer der Auseinandersetzungen um die Landreform 1946 erinnert. In Portella delle Ginestre, wo Giulianos Bande zuschlug, steht ein Mahnmal. In Montelepre finden Giuliano-Fans in der familieneigenen Betonburg Speisung und Anekdoten.

Ariost unters Volk gebracht

Die Opera dei Pupi

Die Paladine von Frankreich – Karl der Große und Orlando – Ritterepen und Marionetten – *Turchi e Saraceni* – Das Marionettenmuseum von Palermo – Theater und
carretti

_____ Die *Opera dei Pupi* gehört nicht erst seit Vincent Cronin und Marguerite Yourcenar zum touristischen Pflichterlebnis einer Sizilienreise. Gesualdo Bufalino erinnert sich in seinem *Museum der Schatten*:

> Frankreichs Könige, wer kann euch vergessen? Draußen, auf den Karrenwänden lenkte Mastro Peppino Samperi euer Geschick, unter unseren geblendeten Augen mit Bestäuber und Pinsel zu Werke gehend.
> Mit zwei überkreuz gelegten Brettern formten wir uns ein Schwert; im Schlaf trafen wir tausend Ungeheuer und tausend Drachen mitten ins Herz, befreiten oftmals die langhaarige Angelica, erlitten Ganos Verrat, starben umzingelt in Roncisvalle.
> Beim Erwachen stand das geflügelte Pferd nicht mehr hinter der Tür.

Die *Opera dei Pupi*, in einem der letzten noch bespielten Marionettentheater, in einem düsteren *vicolo* Palermos versteckt: Ein winziger Raum, vollgehängt mit Leinwandbahnen, auf die bänkelsängerartige Moritaten gepinselt sind: Giganten, Löwen, Sirenen geben sich ein Stelldichein mit Ronaldo, Orlando oder mächtigen Mohrenfürsten. Vielleicht, von den Kindern der Puppenspielerfamilie ausgeteilt, ein Theaterzettel wie dieser:

ANGELIKAS BEZAUBERUNG
IN DEN KARLS DES GROSSEN HOF KOMMT
BRANDIMARTE, DER MELDET, DASS DER

GRAUSAME SALADINO ANGELIKA AUS IHREM
RIVIERAS SCHLOSS RAUBEN WILL, UM SIE
NACH ORIENT MITZUNEHMEN UND SIE ZU
HEIRATEN! DA ER AUS DIESEM GRUNDE
BESORGT IST, RUFT KARL DER GROSSE DEN
BISCHOF TURPINO, DER IHM RATET, ORLAN-
DO, TAPFEREN UND MUTIGEN PALADIN, AUF
DAS RIVIERAS SCHLOSS ZU SCHICKEN, UM
ANGELIKA ZU SCHÜTZEN. AUF DEM WEG
BEGEGNET ORLANDO FURCHTBAREN RIE-
SEN, DRACHEN UND DEM TEUFEL MIT SEIN
VERDAMMTEN SEELEN HEER, DER IHM
BEFEHLT, SEIN TOLLES UNTERNEHMEN FAL-
LEN ZU LASSEN. ORLANDO FORDERT IHN
ZUM DUELL HERAUS …

Die in der catanesischen Tradition bis zu 1,40 m großen und
30 kg schweren Puppen und die Familien, die sie agieren lassen, verstehen ihr Publikum noch immer zu bannen und in
Atem zu halten: Glänzende Ritterrüstungen mit wehendem
Helmbusch, große blaue Augen mit Silberblick, darunter
mannhaft gekräuselte Schnurrbärte über kirschroten Lippen,
furchtbare Schmähungen, die Thomas Mann mit dem schönen Ariost-Wort Rodomontaden benannt hätte, klirrende
Zweikämpfe, gespaltene Sarazenen, Riesenschlangen, bedrohte Prinzessinen und Hoftage in Paris, der Stadt, wo be-
kanntlich Karl der Große seine Paladine versammelte. All das
in einem altertümlich formellen Hochitalienisch, das durch
die dialektale Färbung der Sprecher doppelt komisch wirkt,
und dazwischen Musik vom Drehklavier, wie man sie zu Garibaldis Zeiten schätzte: Walzer, Polkas, Mazurkas und Galopp.
Ein Volkstheater, dem das Volk längst abhanden gekommen
ist. In den 50er Jahren war das noch nicht so. Die Ritterzyklen
dauerten oft wochenlang, die Zuschauer ließen keine Vorstellung aus, und manchmal ließ man sogar Ochsenblut spritzen.

Mancher Folklore-Purist hat sich die Frage gestellt, was diese Epen französischer Ritter, was exotische Gestalten wie der Tatarenkönig, die Prinzessin Aladina von Bayern oder Gano di Magonza (Mainz) mit Sizilien zu tun haben.

Zunächst sehr wenig: Sie entstammen, oft in abenteuerlich verballhornter Form, dem breiten Gebiet der mittelalterlichen europäischen Ritterdichtung, die ja in Italien in epischen Renaissancefassungen sehr populär wurde. Die eigentliche Vorlage für die Puppenabenteuer sind Klassiker wie Ariosts *Orlando furioso*, Boiardos *Orlando innamorato* oder Luigi Pulcis *Morgante*, sowie teilweise Tassos *Gerusalemme Liberata*. Ariosts Epos mit seiner ironischen Brechung der Ritterrituale würde sich schon ohne Bearbeitung gut als Libretto der *Opera dei Pupi* eignen:

Wie manchesmal ein Paar beißsücht'ge Bracken,
Treibt Mißgunst oder andrer Groll sie an,
Mit scheelem Auge, rot wie glühnde Schlacken,
Und rauhem Knurren sich einander nahn
Und dann, zornwütig, hochgesträubt den Nacken,
Ans Beißen kommen mit gefletschtem Zahn:
So kommt es jetzt zum Schwert vom Schrein und Zanken
Auch zwischen dem Zirkasser und dem Franken.
…
Jetzt siehe! dringt Rinald, mit Wut im Blicke,
Den Degen schwingend, auf den Gegner ein.
Der hält den Schild ihm vor im Augenblicke,
Er war mit gutem Stahl gedeckt, von Bein;
Doch ihn durchhaut Fusberta, trotz der Dicke,
Und rings erseufzt und schallt der ganze Hain.
Wie sprödes Eis sind Bein und Stahl zerblättert,
und des Zirkassiers Arm bleibt wie zerschmettert.
Kaum aber sieht das Fräulein, angst und bange,
Welch Unheil dieser wilde Streich getan,
Und schnell erbleicht vor Furcht die schöne Wange …

Über die Popularität solcher Stoffe wissen wir aus Don Quijote, der ja zu viel von solchen Romanen las und schließlich
selbst auf Rittermarionetten losging. Dementsprechend
wurde Ariost eben auch in volkstümlichen Fassungen auf die
Bühne gebracht, vergleichbar etwa der Aneignung von
›Hochliteratur‹, wie sie im deutschen Wandertheater bis in
das 18. Jahrhundert üblich war. Den Abschluß dieser Entwicklung bildet für Sizilien eine Ritterserie, die ursprünglich
als Groschenhefte erschien und noch heute als ›Bibel‹ der
Pupari (Puppenspieler) dient: Giusto Lo Dicos *Storia dei Paladini di Francia cominciando da Mione Conte d'Anglante sino alla
Morte di Rinaldo (Geschichte der Paladine Frankreichs von Mione,
Graf von Anglante, bis zum Tode Rinaldos)*, in Palermo 1856–60
in vier dicken Bänden gesammelt. Doch warum gerade dieser beispiellose Erfolg in Sizilien? Die *Opera dei Pupi* (Pup-
penwerk) in ihrer heutigen Form dürfte erst aus dem Beginn
des 19. Jahrhunderts stammen. Eine Rittermode und Marionetten, wenn vielleicht auch nicht in dieser Pracht, gab es
damals in ganz Europa. Aber in Sizilien, seit dem Ende des
18. Jahrhunderts bis in die frühe Nachkriegszeit eine der
rückständigsten und abgelegensten Regionen, hielt sich diese
Tradition zäher als anderswo. Dazu kam die Armut, die an der
Wiege dieser Volkskunst Pate stand. Ein Marionettentheater
war billiger, brauchte weniger Personal (Familienbetrieb!)
und mußte kein großes Theater mieten. Aber man wollte
natürlich dieselben Stücke hören wie die Reichen. Das erklärt
das Beharren auf dem Hochitalienischen und der adeligen
Bühnenwelt. Daher rührt auch die Seltenheit, mit der das
Puppentheater aktuelle Themen wie Armut, Rebellion oder
mafiöse Umtriebe aufgenommen hat.

Dazu kamen genuin sizilianische Faktoren, die diesen
scheinbar abgehobenen Rittertragödien dennoch eine gewisse Aktualität verliehen. Das große Thema der Stücke ist
letzten Endes der Kampf der Christen gegen die Heiden, für
Mittelmeerbewohner in Frontlage kein abstraktes Thema.

Die Volkslieder Siziliens haben das Thema der *Turchi alla marina* immer wieder variiert. Und es ist erst wenige Jahre her, daß man vor Ghaddafi zitterte, als eine Bombe mysteriöser Herkunft bei Ustica ins Meer fiel.

Vielleicht mag der eine oder andere auch das herrschaftliche Auftreten der Paladine instinktiv als Spiegel der sizilianischen Baronalgesellschaft empfunden haben. Im Soziologenjargon werden die »Ritterpuppen zu ›Verdichtungsfiguren‹ im theatralisch-unmittelbaren und im übertragenen Sinne (der mythischen Stilfigur) der sizilianischen Gesellschaftsgeschichte«.

Bedauerlich, aber folgerichtig: Das Puppentheater, das entstanden war, um den kleinen Leuten zum billigsten Preis die große Welt zu bringen, starb in dem Moment, als Radio und Fernsehen seine Träume ablösten. Vorbei die Zeiten, als der Puppenspieler über Land zog, von Städtchen zu Städtchen, wie ihn Giuseppe Bonaviri noch in seiner Kinderzeit sehnsüchtig erwartet hat:

> … Don Mariddu, der *puparo*, kam nach Mineo gegen Ende des Oktobers, wenn die Olivenernte stattfand und etwas Geld da war. Mit zwei *carretti*, befremdlich vollgepackt mit Sachen und Puppen. Einige von ihnen, wie Carlomagno, mit Silberschild, andere mit Lederrüstung. Ihm folgte das Pferd Baiardo, müde vom langen Weg, der schon zwanzig Jahre andauerte, durch Felsennester, Zitadellen und sizilianische Dörfer …

Hunderte von Theatern muß es einst auf der Insel gegeben haben, ihre Puppen wurden verkauft, und nur ein paar Intellektuelle begannen, ihr Herz für die *Opera dei Pupi* zu entdecken und ein Museum zu errichten. Für wen lebt die *Opera dei Pupi* heute noch? Zunächst sicher für Touristen, deren Finanzkraft sie ihr Überleben verdankt, dann für seltene Demonstrationen in Schulen und schließlich für einige traditionsbewußte Einheimische, die sich den schicken Spaß etwas kosten lassen, bei einer Hochzeit oder Familienfeier ein echtes Puppentheater zu engagieren. Lassen wir zum Abschluß noch einmal die Puppen tanzen, in jenen mythischen 50er Jahren, als das Volk und Carlo Levi dabei waren:

Der Abend findet im »Teatro Garibaldi«, der Marionettenoper, seinen Abschluß, wo der tüchtige Meister Insanguine mit seinen Puppen die Taten der Paladine darstellt.
Es sind wunderbare, fast mannsgroße Marionetten mit schönen Gesichtern, ziselierten Rüstungen und Waffen, die Meister Insanguine eigenhändig angefertigt hat. Sie wiegen fünfundzwanzig bis fünfunddreißig Kilo, werden von zwei Hilfskräften gehalten und bewegt. Es sind dies zwei junge Burschen, die am Tage Zitronen pflücken und abends dann für dreihundert Lire Marionetten vorführen. Sie haben die Bewegungen wunderbar heraus: Waffengang, heftige Gebärden beim Duell, rhythmisch begleitet durch Fußstampfen, das dem Schlachtenwirbel der Tamboure ähnelt. Nach der Vorstellung versuchte ich mich darin, einen dieser Paladine auftreten zu lassen: Es ist Schwerstarbeit.
An jenem Abend wurde eine Episode aus *Erminio vom Goldstern* gegeben, das wie ein Fortsetzungsroman fünfundsechzig Abende dauert. Das Publikum weiß im voraus, was geschehen wird, und nimmt leidenschaftlich daran Anteil. In dieser Geschichte treten weder Rinaldo noch Roland oder die sonstigen Paladine von Rang auf, sondern Gestalten, die mir, wie ich gestehen muß, unbekannt waren und mir, offen gesagt, etwas unecht vorkamen. Da waren, wenn ich nicht irre, Aaron von Marokko und Gemma della Fiamma (Tochter der Baisette von Persien), die Eltern des Löwentigers, des Helden der Handlung, die in Berlin spielt, das von den Sarazenen und von

Arnold, dem Kaiser von Rußland, belagert wird. Es gab entsetzliche Schlachten, in denen der syrische Heros Ideo den famosen Tangistes von Holland tötete, von der Tochter des russischen Zaren mit »Ideuccio, mein Liebling!« begrüßt wurde und fürchterlich unter den Feinden wütete, bis Arturo di Macera, ein Italiener mit wilder Tolle, aufkreuzte, der sich mit dem Ruf »Für mich als Italiener kann Sterben nur Ruhm bedeuten!« ins Gemenge warf, welches jedoch erst an einem der folgenden Abende zu enden hatte. Der Held Löwentiger, außer von den Sarazenen und von Ideo auch von rivalisierenden und aufeinander eifersüchtigen Kriegerinnen bedrängt, gefiel mir nicht. Ich sagte zu den Umstehenden, daß ich gewünscht hätte, ihn vom tapferen Ideo umgebracht zu sehen, sie jedoch entgegneten mir, der Saal würde sich, wenn so etwas geschähe, in das totenübersäte Tal (das heißt das Tal von Roncesvalles) verwandeln. Die Paladine sind zeitnahe Idole ... man freut sich über ihre Siege und beklagt ihren Tod. Ein Kutscher, so wurde mir berichtet, erwachte eines Morgens schlecht gelaunt und erklärte seinen Hausgenossen, er wolle nicht mit der Droschke auf den Platz, weil es ein Trauertag sei: An diesem Abend würde im »Teatro Garibaldi« Rinaldo sterben.

Tour
In Palermo hält die Familie Cuticchio seit 1927 die Fahne des Puppenspiels aufrecht. In ihrem *superteatrino* (Via Bara all'Olivella 95 bzw. Vicolo Ragusi 6) verkaufen sie auch hochwertige selbstgefertigte Puppen.

L'amuri di me patri mi sugnau lu distinu ...
E lu puparu a la fini finivu pi fari
(Die Liebe meines Vaters wies mir mein Geschick, und so wurd' ich denn – ein Puparo! Mimmo Cuticchio 1984)

Neben der lebenden Tradition gibt es die museumsdidaktisch archivierte. Im *Museo internazionale delle marionette,* via Butera 1, wird meist sizilianischen *bambini* demonstriert, worüber sich ihre Großeltern amüsierten. Zu empfehlen ist auch ein

Besuch des von dem Brauchtumsforscher Giuseppe Pitré begründeten volkskundlichen Museums im Favoritapark. Neben einer Puppenbühne sind hier alte, mit ritterlichen Themen bemalte *carretti* magaziniert.

Andere *pupari* wie Vaccaro in Syrakus (Via Giudecca 17, kleines Museum) oder die Fratelli Napoli in Catania (beim Castel Ursino) können kein eigenes Theater mehr unterhalten und spielen nur noch auf Einladung. Bei Acireale spielt Salvatore Pulvirenti in einem eigenen Raum. Eine gute Anlaufstelle für aktuelle Informationen über die ostsizilianische Opera dei Pupi ist der *Gran Bazar Artigianato Siciliano* (Sig. Bafumi) in Catania, Via Etnea 2 (beim Dom).

Wer wie Pasolini, König Gustav von Schweden oder das Weiße Haus einen echten handgeschnitzten und bemalten *carretto* erstehen will, kann bei Signore Di Mauro in Aci S. Antonio vorstellig werden, der seit zweiundsiebzig Jahren diesem Handwerk nachgeht und pro Jahr einen Karren fertigstellt. Der Preis für dieses Fortbewegungsmittel entspricht mittlerweile einem Personenwagen der Luxusklasse.

Pindar und Agrigent

Den Tyrannen in die Pflicht genommen

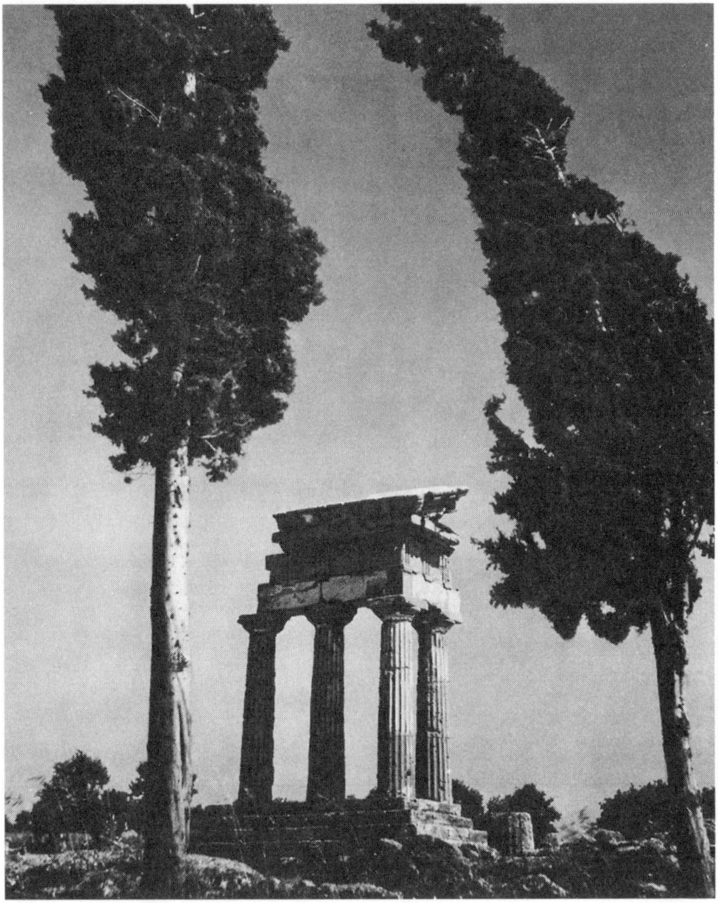

Siegeslieder für die schönste der sterblichen Städte – Ein reiner Moment des Glücks – Die keïsche Nachtigall – Todesglück

—————— Ich bitte dich, glanzliebende,
Schönste der sterblichen Städte,
Persephonens Sitz, die
Du über den Ufern des schafenährenden
Wohnest, auf Akragas' wohl-
Gebaueter Pflanzstadt, Königin,
Freundlich mit der Unsterblichen
Und der Menschen Wohlgefallen
Nimm diese Krone …

Selten, vielleicht nie, hat jemand bestellte Loblieder von solcher Qualität gemacht wie Pindar (518–446 v. Chr.) für die Tyrannen von Agrigent und Syrakus. *Akrágas*, das steile Land, war im 5. Jahrhundert v. Chr. unter der milden Tyrannis Therons zur prachtliebendsten der griechischen Kolonien Siziliens aufgestiegen. Über den Wohlstand der tempelreichen Handelsstadt erzählte man sich Märchenhaftes: »Die Agrigentiner essen, als ob sie morgen sterben, und sie bauen, als ob sie ewig leben sollten.« (Empedokles)

Vor allem aber leisteten sie sich Kunst vom feinsten. Weißer Marmor wurde aus dem griechischen Mutterland importiert, ein Kultbild schon einmal aus purem Gold gegossen und für eine Statue ein Starbildhauer wie Myron aus Athen angeheuert. Die Neureichen konnten in großspurigerem und großzügigerem Stil als das karge Griechenland leben, trotzdem legten sie Wert auf ihre hellenische Identität. So hielten sie enge Bande zur Heimat ihrer Vorfahren, politisch, kultisch und, was damit zusammenhängt, athletisch. Ein Sieg bei den altehrwürdigen Festspielen von Olympia,

Nemea, am Isthmos oder dem pythischen Delphi verlieh auch in Sizilien höchstes Sozialprestige. Um den Sieg gebührend zu feiern und im Gedächtnis der Nachwelt fortleben zu lassen, bestellte man Siegeslieder, sogenannte Epinikien. Und niemand konnte die Dichter dafür fürstlicher entlohnen als die rossezüchtenden Herrscher Siziliens. Der Erfinder dieser Dichtungsgattung, der greise und geizige Simonides von der Kykladeninsel Keos (ca. 557–467 v. Chr.) übersiedelte auch deswegen nach Syrakus und machte sich über die Position eines Hofdichters keine Illusionen:

Auf die Frage der Frau Hierons, ob er lieber reich oder weise sein wolle, soll er geantwortet haben: »Reich«; denn die Weisen, sagte er, sehe er an den Türen der Reichen sich aufhalten.

So kam auch 476 v. Chr. der schon im griechischen Mutterland für seine Siegesgesänge berühmte Thebaner Pindar auf Einladung Therons von Akragas, um am Hofe zu leben und zu dichten.

Es war eigentlich eine seltsame Allianz: Hier der wenn auch gemäßigte Tyrann und Einzelherrscher, der ein Volk von reichen Händlern regierte, dort ein zutiefst konservativer Anhänger der Adelsoligarchie mit ihren agonisch-militärischen Tugendidealen. Und doch ergänzten sich die beiden: Theron fühlte sich angenehm legitimiert, wenn eine Autorität wie Pindar ihm bescheinigte, daß er altadelige Ideale aufs vollkommenste erfülle. Pindar wiederum fand in Sizilien eine Plattform, diese Ideale, an die er selbst aufrichtig glaubte, die aber in einem Spannungsverhältnis zu den demokratisch-egalitären Tendenzen im Griechenland des 5. Jahrhunderts v. Chr. standen, unter tyrannischem Schutz zu verkünden.

Wie er es tat, darin liegt seine geistige Leistung: Pindar erniedrigt sich nie zur Schmeichelei, er macht immer klar, daß er ein absoluters Wertsystem vertritt, das auch dem einzelnen Sieger (und Herrscher) übergeordnet ist. Nur wenn er sich den Werten anpaßt, deren »Lordsiegelbewahrer« Pindar ist, kann der Tyrann Tugend und Würde gewinnen. Eine Art Fürstenspiegel, geschrieben von einem, dessen Sicherheit aus dem Selbstbewußtsein seiner aristokratischen Klasse herrührte und der das verdiente Glück des ruhmschenkenden Sieges höher als soziale Position ansetzte:

> Pindar ist vielleicht unter allen Dichtern, die wir kennen, derjenige, der den Wert des glücklich erlebten Augenblicks am höchsten und eindringlichsten gepriesen hat. Pindar ist überzeugt davon, daß es Schönes gibt, Wertvolles und Freudiges, und er weist auf dieses Schöne immer wieder hin und fordert dazu auf, es zu verwirklichen. Freilich ist er nicht blind gegenüber Leid, Unglück und Scheitern, doch all dieses wird aufgewogen durch einen Augenblick des Erfolgs, des durch Leistung erworbenen Glücks. (Eugen Dönt)

Und dementsprechende dichterische Autonomie nimmt sich Pindar für seine Epinikien heraus. Oft hat es den Anschein, als ob der Auftraggeber auf das programmatische Minimum beschränkt wird, also auf die Nennung seines Namens, der Disziplin, in der er siegte, sowie des Ortes der Spiele. Denn ansonsten bestehen die Siegesoden aus locker komponierten Mythologien und Erfahrungsweisheiten *(Gnomen)*, die sich nur indirekt (z. B. geographisch) auf den Sieger beziehen, der sich geehrt fühlen muß, mit seiner individuellen Existenz in diesen größeren Kontext unvergänglicher Tugendwerte oder gar Götter eingefügt zu werden. Als Beispiel für eine solche Komposition folgen Partien der Zweiten Olympischen Ode auf den Wagensieg des Theron (476 v. Chr.) in der an Hölderlin und Dornseiff angelehnten Übersetzung Eckart Peterichs:

Duldend vieles im Herzen,
gewannen am Flusse sie heilige Wohnung,
wurden Siziliens Auge,
als enteilte ihre schicksalsverhängte Zeit,
Reichtum bringend und Huld zu angeborenen Tugenden.
O du, des Kronos und der Rhea Sohn,
Verwalter olympischen Throns,
des vornehmsten Kampfspiels und des Alpheioslaufs,
von Liedern erfreut,
pflege geneigt ihnen ihr Heimatland
für künftige Kinder. Von Werken,
zu Recht oder Unrecht getanen,
kann ungetan das völlig Vollbrachte
selbst der Zeitgott nicht machen, der Vater von Allem.
Doch bei gutem Geschick mag einer vergessen,
edle Freuden ersticken widergrollendes Leid,
wenn göttliches Schicksal emporschickt hohes Heil ...
Sterblichen freilich ist keine deutliche
Todesgrenze gesetzt, noch wann wir
je einen ruhigen Tag, solchen Sonnensohn,
beenden in unverwelktem Glück.
Überflutet werden Männer
mit Freuden, mit Schmerzen ...

Ohne Zweifel ein wortmächtiges Gebilde, das man sich übrigens auch noch vertont vorstellen muß: *Le beau désordre* – die schöne Unordnung (Boileau). Doch schon in der Antike sah man sich außerstande, den Sinn jeder Stelle auf Anhieb zu erfassen, das Wortrauschen Pindars hat Horaz in einem berühmten Gleichnis mit einem ungestümen Wasserfall verglichen und damit Pindar zum angebeteten Halbgott aller jener »jungen wilden« Dichter von Ronsard bis Klopstock und Hölderlin gemacht, die für ein wahres Gedicht göttliche Eingebung, Tiefe des Gefühls und Überfülle des Genies höher ansetzten als das gelehrte Feilen und Konstruieren.

Pindar hatte einen Konkurrenten in Sizilien: Bakchylides (ca. 520–nach 452 v. Chr.), der Neffe des alten Simonides, und ebenfalls aus Keos stammend, hatte auf eigene Faust 476 v. Chr. Hieron von Syrakus, der eigentlich Pindar beauftragt hatte, ein Siegesgedicht dediziert. Der Ionier kam an, denn er wußte gefällig zu schreiben und geschickt zu schmeicheln, indem er den Ruhm des Tyrannen mit seinem eigenen verband:

Wer denkt, dem sag ich Faßbares: der tiefe Äther –
Nicht ist er befleckbar; des Meeres Wasser –
Nicht faul wird es; Freudigkeit gibt das Gold. Doch
Menschen ist verwehrt, graues Alter von sich

Zu tun, zurückzuholen blühende Jugend.
Der Trefflichkeit Leuchten zwar schwindet nicht mit
Der Sterblichen Leben; vielmehr gibt ihm die
Muse Nahrung. Hieron, du gabst Segens

Höchst herrliche Blüten zu schaun den
Menschen. Dem, der gut sich hielt,
Bringt nicht Schweigen Ehre, nennt
wahrheitsgetreu man ihn, bringt im Lied
Man dann auch den Dank der honigzüngigen
Nachtigall von Keos vor.

Die honigzüngige Nachtigall, das klingt doch besser als die auf die Keos-*Connection* gemünzten »krächzenden Raben« aus der obigen Pindar-Ode.

Pindar war es nicht vergönnt, auf der Höhe seines Ruhms abzutreten. Als er nach 446 v. Chr. starb, war seine Adelslyrik hoffnungslos veraltet. Dafür bescherten ihm die Götter einen glücklichen Tod. Graf August von Platen, der in Syrakus einsam auf dem Sterbebette lag, hätte sich wohl ein ähnliches Hinscheiden gewünscht wie in seinem Pindargedicht:

Ich möchte, wenn ich sterbe, wie die lichten
Gestirne schnell und unbewußt erbleichen,
Erliegen möcht' ich einst des Todes Streichen,
Wie Sagen uns vom Pindaros berichten.

Ich will ja nicht im Leben oder Dichten
Den großen Unerreichlichen erreichen,
Ich möcht', o Freund, ihm nur im Tode gleichen;
Doch höre nun die schönste der Geschichten!

Er saß im Schauspiel, vom Gesang beweget,
Und hatte, der ermüdet war, die Wangen
Auf seines Lieblings schönes Knie geleget:

Als nun der Chöre Melodien verklangen,
Will wecken ihn, der ihn so sanft geheget,
Doch zu den Göttern war er heimgegangen.

Schwäne von Catania

Ansichten einer Musik- und Literaturmetropole

U Liotru und das Siculorum Gymnasium – Träge Veristen – Voyeure und starke Sprüche
– Vincenzo Bellini, Genius des Belcanto

107

_____ Ein antiker schwarzer Lavaelefant, ungefähr von der Größe seiner zwerghaften Artgenossen, die im Pleistozän die sikanischen Dschungel durchkämmten, steht im Zentrum von Catania, gerahmt von schwarzgetünchten Palästen mit scharfkantigen weißen Diamantquaderpilastern. *U liotru*, wie die Catanesen das Kerlchen liebevoll nennen, hat Ätnaausbrüche, Erdbeben und den Bannstrahl eines mittelalterlichen Bischofs, der das heidnische Symbol aus der Stadt vertreiben wollte, überstanden und sich als Maskottchen der »Schwarzen Stadt« etabliert. Er triumphiert mit den *Catania Elephants* (einem Basketballteam), er ziert das Stadtwappen, und er prangt unübersehbar auf dem Siegel der altehrwürdigen Universität.

Das *Siculorum Gymnasium*, 1434 von dem aragonesischen König Alfons dem Hochherzigen begründet, ist die älteste Hochschule Siziliens – nur wenige Jahrzehnte jünger als etwa die ersten »deutschen« Almae Matres in Prag, Wien und Leipzig. Eine Institution, die dem leicht angeknacksten Stolz der »griechisch-ostsizilischen« Großstadt in ihrer jahrhundertealten Konkurrenzsituation gegenüber der »arabisch-spanischen« Metropole Palermo immer gut getan hat. Schon Torquato Tasso hatte einst ihren Ruf bestätigt: *O di Catanea, ove ha il sapere albergo* (O Catania, der Weisheit Herberge).

Der Universität ist es mit zu verdanken, daß die *Città dell'Elefante* von jeher den Ruf des intellektuellen Zentrums der Insel genoß. Catanias Leben unter dem Vulkan, das Ambiente von Adelssalons, halbprovinzieller Gesellig- und Geschwätzigkeit, Barockkirchen, Ätnavillen, Fischmärkten, Hafenkaschemmen und Studiosi war auch der Nährboden, auf dem eine der wichtigsten italienischen Literaturströmungen der Jahrhundertwende entsprang: Der *Verismo*. Seine drei Protagonisten waren Catania innig verbunden: Giovanni Verga (1840–1922) war Catanese, Federico de Roberto (1856–1927) aus Neapel wuchs hier auf, und Luigi Capuana (1839–1915), der Theoretiker der neuen Richtung, stammte aus Mineo in der Provinz Catania. Was nicht heißt, daß sie Catania die Treue hielten. Lediglich de Roberto, der Chronist des catanesischen Adels, harrte – bis auf sporadische Abstecher in den Norden – in der Heimatstadt seiner Mutter aus, an die er durch das Amt eines Superintendenten für Denkmalspflege gebunden war. Verga und Capuana hingegen verbrachten ihre besten Jahre in den literarischen Salons, Cafés und Redaktionen von Florenz, Mailand oder Rom – meist über Sizilien schreibend. Und kehrten erst, als sie und die veristische Sizilienmode, vom Futurismus überrollt, nicht mehr ganz frisch waren, in die Stadt ihrer Studien zurück. Capuana, dessen *Marchese von Roccaverdina* (die Geschichte eines Adligen, der an der Liebe zu seinem Dienstmädchen zerbricht) noch immer lesenswert ist und der seine poetische Karriere schon vorher unterbrochen hatte, um den Bürgermeisterstuhl von Mineo einzunehmen, wählte immerhin 1902 ein geruhsames öffentliches Amt: Professor für Lexikographie am Siculorum Gymnasium.

Verga hingegen, auf der Höhe seines Erfolgs nach Catania heimgekehrt, wo »die Luft weich und teigig ist und es einem vorkommt, als laufe man mitten durch Honig« (Brancati), versank in einen rätselhaften *Immobilismo*, der vielleicht auch nur die Starre uneingestandener Zufriedenheit war. Er hatte sich bewiesen und konnte jetzt zuhause den Baron spielen. Vincenzo Consolo, 1933 in S. Agata di Militello geboren und in Mailand lebend, einer der emsigen Spurenrechercheure der sizilianischen Diaspora, hat 1994 in *L'olivo e l'olivastro* (Der Olivenbaum und seine wilden Schößlinge) die Atmosphäre der »verlorenen Zeit« im Vergahaus eingefangen:

In der kurzen Gasse [Via S. Anna] war das Haus aus Stein und Mörtel, von einem Dunkelrot, in dem altes Feuer durchzuschimmern scheint, mit Balkons und Jalousien, mit der Plakette *Casa di Giovanni Verga – Scrittore verista – 1840/1922.* Im zweiten Stock sind seine Bücher, seine Manuskripte, seine Erinnerungsstücke verteilt über die würdevoll-provinziellen Zimmer eines kleinen Landbesitzers, eines Produzenten von Mandarinen und Agrumen. Da sind die Regale und der Schreibzimmertisch aus Nußholz ... die Sessel, die Konsolen, die Nippsachen, die Fotos, die Pergamente, die Abzeichen des Salons. Das Ankleidezimmer mit dem Eisenbett, der Schrank und drin der Hut, der Frack aufgehängt. Er brach auf dem Fußboden aus glasierter Keramik zusammen, eines Abends im Januar, als er sich auskleidete, und dort fand ihn röchelnd am Morgen das Zimmermädchen.
In dieser Klause, in dieser hartnäckigen Einsamkeit, fern von seiner *donna*, den Verwandten, verzehrte er das Leben in Unzufriedenheit, Unlust, Ressentiments, Stärkungsmittel und Bromsalz trinkend, so tuend, als ob er den Roman schriebe, sich verlierend im Anbau der Zitrusfrüchte, in der Sorge um seine verwaisten Neffen, in gerichtlichen Ansprüchen, in der Brancati-haften Langeweile des *Circolo Unione*, in den langsamen Spaziergängen über die Via Etnea, in den bedeutungsschwangeren Blicken auf Nacken, Arme, Flanken von Frauen, in den entnervenden Schirokkosommern, in den Wintern der nördlichen Tramontanawinde, die den Schnee des Kraters streifen. »Ah, verfluchter Ort, verfluchter Ort! Warum ist er so schön, warum zieht er Euch an und hält Euch fest und läßt Euch alles, alle verlassen, um in Euren Eingeweiden die Hinterlist, den Verrat zu nähren?!« schrieb ihm verzweifelt Dina [di Sordevolo, seine piemontesische *Donna*].

Das Catania der Müßiggänger, der Flaneure, der Träume, der Erotik im Kopf. Eine Anziehung, eine Verführung, die nicht nur Verga spürte. Jahrzehntelang galt Vitaliano Brancati (1907–1954) mit seinen burlesken Geschichten von Catanesen, die von jeder Fußfessel schwärmten, aber sich im entscheidenden Augenblick sprachlos oder impotent zeigten, als der große Entlarver des sizilianischen Pappagallismo. Ein historisches Verdienst von Brancati, der nach anfänglichem Sympathisieren dem Faschismus abschwur und als schlecht bezahlter Lehrer nach Sizilien zurückging, ist es sicherlich, mit seinen »Hampelmännern« das offizielle Propagandabild vom starken Mann unterlaufen zu haben. Geschichten wie die vom tumben *Don Giovanni in Sicilia*, einem trägen vierzigjährigen Knaben, der sich von drei unverheirateten Schwestern umsorgen läßt, dann plötzlich in eine Ehe schlittert, dadurch zum Arbeiten nach Mailand verschlagen wird, dort auf seinen Mittagsschlaf verzichten muß und schließlich im Triumph in die Nestwärme Catanias zurückkehrt, sind in erster Linie Humoresken mit einer eigenen Welt. Nicht zu Unrecht lieferten sie Stoff für unterhaltsame Komödienfilme der Nachkriegszeit. Am besten wird Brancati, wenn er das ständige Kreisen der männlichen Gedanken um die Frau und ihren Körper in seiner permanenten Unerfülltheit zu einem fast tragikomischen Mysterien- und Minnedienst stilisiert, etwa in seiner Schilderung der ewig schmachtenden und voyeuristischen Liebhaber von Catania »wo die Unterhaltungen über die Frauen ein größeres Vergnügen bereiten als die Frauen selbst«.

Das Leben der Stadt ist voll von Ereignissen, Freundschaften, Schlägereien, Liebesverhältnissen, Beleidigungen – und alles nur in den Blicken, die zwischen Männern und Frauen hin- und hergehn; in jeder anderen Beziehung ist es armselig und langweilig ...
Die Frauen empfangen die Blicke der Männer auf ihren

gesenkten Lidern, und langsam beginnen sie zu leuchten von der zarten Morgenröte, die das Funkeln Hunderter von Augen um ein Gesicht entstehen lassen. Selten erwidern sie die Blicke. Doch wenn sie ihren Kopf aus der gebeugten Haltung erheben und einen Blitz aussenden, dann ändert das ganze Leben eines Mannes seinen Lauf und seine Natur. Wenn eine Dame ihn nicht anschaut, dann geht für den jungen oder mittelalterlichen Herrn alles, wie es gehn muß: gleichförmig, alltäglich, abgeschmackt, traurig: wie eben das Leben des Menschen ist. Aber wenn sie den Blick erwidert, und sei es auch nur mit halber Pupille, oh, dann ist das Leben nicht mehr so traurig, und Leopardi ein Dichter, der nichts von dieser Welt versteht!

Und das sind, werdet ihr sagen, die gleichen Catanesen, die so respektlose Reden über das Weib führen?

Brancatis Ansatz, auch Männerzoten poetisch zu weihen, hat viele und derbere Nachahmer gefunden, ist (nicht nur in Süditalien) zu einer Mode geworden – pornographischer *Verismo*. Giuseppe Fava (1925–1984) etwa hat seine fatale Liebe zu Catania so herausgeschrien:

Ich liebe diese Stadt mit einem ganz bestimmten Gefühl: dem Gefühl, das ein Mann haben kann, der sich unsterblich in eine Nutte verliebt hat und es nicht ändern kann. Er weiß, daß sie eine Nutte ist, vulgär, schmutzig; eine Betrügerin, eine, die sich jedem für Geld hingibt, obszön, herausfordernd und dann auch wieder lachend, fröhlich, stark, sie kennt alle Tricks und Liebeskünste und läßt sie dich kosten, und dann haut sie ab mit einem anderen.

Das Kapitel hat mit einem schwarzen Elefanten begonnen, es soll mit einem weißen Vogel enden. *Il Cigno di Catania*, den Schwan von Catania, nennen Musikenthusiasten den größten

Sohn der Stadt, den Opernkomponisten Vincenzo Bellini (1801–1835). Sozusagen erblich vorbelastet – der Vater war Domkapellmeister – begann er im Alter von sechs Jahren zu komponieren. Später fiel der schlanke, hochgewachsene Jüngling angenehm auf, wenn er in Kirchen oder Adelssalons Konzerte gab: 1819 schickte ihn ein von adligen Fördern erwirktes Stipendium in die Musikmetropole Italiens, Neapel. Hier entdeckte der Catanese seine Berufung, die Oper. Dem Examen folgte bald ein erster großer Auftrag für das legendäre S. Carlo in Neapel. 1827–1833 wechselt Bellini nach Mailand, führt an der Scala seine Hauptwerke wie *I Capuleti ed i Montecchi* (1830), die *Somnambula* (1831), die ihn endgültig zum umschwärmten Idol machte, und die Druidenoper *Norma* (1831) auf. Der »Schwan« wurde, obwohl er kein Vielschreiber war, einer der ersten Opernkomponisten, die ausschließlich vom Komponieren leben konnten. Bellinis »schrankenloses lyrisches Empfinden«, die narkotische Süße seiner perlenden Belcantoarien, seine zarten und seelisch unbeugsamen Frauengestalten und der werbende Schmelz seiner frischen und beherzten Männerrollen faszinierten schon die Zeitgenossen. Selbst Gontscharows Romanhelden Oblomow im fernen Petersburg sollte die berühmte Arie der Norma aus seiner Lethargie reißen:

> Zum Abschluß sang sie die *Casta diva:* alle Ekstasen, blitzgeschwind durch den Kopf huschende Gedanken, Schauder, die wie Nadelstiche über den Körper liefen – das alles vernichtete Oblomow: er war am Ende seiner Kräfte.

In der lombardischen Hauptstadt begann Bellini auch 1827 mit der Sizilienoper *Il Pirata* die fruchtbare Zusammenarbeit mit dem Librettisten Felice Romani, die ihn musik- und ideengeschichtlich zum Protagonisten einer neuen Opernära werden ließ. Denn Bellinis Stücke sind auch inhaltlich spannend, mit ihm löst das romantische Musikdrama die Opern-tragödie, die alte *Seria* der meist antiken Sujets endgültig ab. Eine Musikkapitale wartet noch auf den jungen Sizilianer. Nach einem Londoner Intermezzo erobert er Paris 1835 mit den *Puritani*. Als sterbender Schwan: ein verschlepptes Leber- und Darmleiden setzt seinem glanzvollen Leben im Pariser Vorort Puteaux ein frühes Ende. Blutorangen, die er sich aus dem heimatlichen Catania senden ließ, sollen zu den letzten Freuden des Genies gezählt haben.

Tour

Vergas Wohnung in der Via S. Anna ist vor einigen Jahren von der Stadt erworben worden und zu besichtigen. Schon Richard Wagner besuchte das Geburtshaus Bellinis an der später Via Vittorio Emanuele getauften Prachtstraße, in dem das leicht angestaubte *Museo Belliniano* untergebracht ist. Bellini ist auch einer der wenigen Sizilianer, die es zu einem öffentlichen Denkmal gebracht haben: Auf der Piazza Stesicoro, an der Via Etnea sitzt er über den vier Statuen seiner Hauptopern, deren Melodien in die Stufen eingegraben sind. Das Monument entstand bald nachdem die sterblichen Überreste Bellinis 1876 in seine Heimatstadt überführt wurden. Auf seinem Grab im Dom S. Agata weint die *Somnambula* um den Frühverschiedenen: *Ah, non credea mirarti, si presto estinto, o fiore*. Sein Werk, das virtuose Interpreten erfordert, wird im Teatro Bellini (S. 134) besonders gepflegt.

Das Siculorum Gymnasium liegt wenige Schritte vom Dom an der mondänen Via Etnea. Veristenbüsten sind im Stadtpark zu sehen, der – wie sollte es sonst sein – Villa Bellini heißt. Ein guter Ort, um auch selbst vom Müßiggange Catanias zu kosten, bevor man sich wieder in die »beängstigende Intensität des öffentlichen Lebens« (René König) begibt.

Goethe und der Müll

Ein Urtext zur Mafia

Palermo, Donnerstag, den 5. April 1787

_____ Gegen Abend machte ich eine heitere Bekanntschaft, indem ich auf der langen Straße bei einem kleinen Handelsmanne eintrat, um verschiedene Kleinigkeiten einzukaufen. Als ich vor dem Laden stand, die Ware zu besehen, erhob sich ein geringer Luftstoß, welcher, längs der Straße herwirbelnd, einen unendlichen erregten Staub in alle Buden und Fenster sogleich verteilte.

»Bei allen Heiligen! sagt mir«, rief ich aus, »woher kommt die Unreinlichkeit eurer Stadt, und ist derselben denn nicht abzuhelfen? Diese Straße wetteifert an Länge und Schönheit mit dem Corso zu Rom. An beiden Seiten Schrittsteine, die jeder Laden- und Werkstattbesitzer mit unablässigem Kehren reinlich hält, indem er alles in die Mitte hinunterschiebt, welche dadurch nur immer unreinlicher wird und euch mit jedem Windshauch den Unrat zurücksendet, den ihr der Hauptstraße zugewiesen habt. In Neapel tragen geschäftigte Esel jeden Tag das Kehricht nach Gärten und Feldern, sollte denn bei euch nicht irgendeine ähnliche Einrichtung entstehen oder getroffen werden?«

»Es ist bei uns nun einmal, wie es ist«, versetzte der Mann; »was wir aus dem Hause werfen, verfault gleich vor der Türe übereinander. Ihr seht hier Schichten von Stroh und Rohr, von Küchenabgängen und allerlei Unrat, das trocknet zusammen auf und kehrt als Staub zu uns zurück. Gegen den wehren wir uns den ganzen Tag. Aber seht, unsere schönen, geschäftigen, niedlichen Besen vermehren, zuletzt abgestumpft, nur den Unrat vor unsern Häusern.«

Und lustig genommen, war es wirklich an dem. Sie haben niedliche Beschen von Zwergpalmen, die man mit weniger Abänderung zum Fächerdienst eignen könnte, sie schleifen sich leicht ab, und die Stumpfen liegen zu Tausenden in der Straße. Auf meine wiederholte Frage, ob dagegen keine Anstalt zu treffen sei, erwiderte er, die Rede gehe im Volke, daß gerade die, welche für Reinlichkeit zu sorgen hätten, wegen ihres großen Einflusses nicht genötigt werden könnten, die Gelder pflichtmäßig zu verwenden, und dabei sei noch der wunderliche Umstand, daß man fürchte, nach weggeschafftem misthaftem Geströhde werde erst deutlich zum Vorschein kommen, wie schlecht das Pflaster darunter beschaffen sei, wodurch denn abermals die unredliche Verwaltung einer andern Kasse zutage kommen würde. Das alles aber sei, setzte er mit possierlichem Ausdruck hinzu, nur Auslegung von Übelgesinnten, er aber von der Meinung derjenigen, welche behaupten, der Adel erhalte seinen Karossen diese weiche Unterlage, damit sie des Abends ihre herkömmliche Lustfahrt auf elastischem Boden bequem vollbringen könnten. Und da der Mann einmal im Zuge war, bescherzte er noch mehrere Polizeimißbräuche, mir zu tröstlichem Beweis, daß der Mensch noch immer Humor genug hat, sich über das Unabwendbare lustig zu machen.

Es sind die frischen, aus unmittelbarer Reiseerfahrung gegriffenen Passagen, die Goethes *Italienische Reise* noch immer zu einem lebendigen, aktuellen Klassiker machen. Denn es hat sich bis in die jüngste Vergangenheit kaum etwas geändert. Lediglich Neapel kann heute mit Palermo wetteifern, und die Kaleschen des Adels sind verschwunden. Den autonomen sizilianischen Nachkriegsregierungen gelang das seltene Kunststück, öffentliche Sektoren zu privatisieren oder zu verpachten, ohne auch nur im mindesten zur Hebung ihrer Effektivität beizutragen: So lag beispielsweise jahrzehntelang das gesamte Steuerwesen Siziliens in der Hand privater Steuereinnehmer, halbfeudales Vorrecht in einem Land, das bereits zu Araber- und Normannenzeiten als eines der ersten einen funktionierenden Beamtenapparat aufgebaut hatte.

Abfälle (weisen wir als gewissenhafter Chronist auf die unglaubliche Art der Müllabfuhr hin, die, laut einigen öffentlichen Bekanntmachungen an den Wänden, nicht städtisch ist, sondern ein Privatunternehmen, die Firma Vaselli, die das ihr überlassene Vorrecht der Müllabfuhr genauso ausübt, wie man sich das vorstellt: wenig oder gar nicht: einige hungrige Straßenkehrer stochern ein wenig in den Abfallhaufen einer Stadt von sechshunderttausend Einwohnern herum, die fast keine Kanalisation und meist nicht einmal Wasser hat ...)

So entrüstet sich Dominique Fernandez 1965 in seiner lesenswerten literarischen *Süditalienischen Reise*. Und wenn auch die von jesuitischen Beratern vermittelte schwarz-grüne Koalition unter dem einst christdemokratischen Parteirebellen und Bürgermeister Orlando erst einmal spektakulär für ein Großreinemachen mit Freiwilligen sorgte, so daß sich plötzlich Straßencafés auf die Prachtplätze Palermos wagten, in den Nebengassen rotten die Müllhaufen wie eh und je pittoresk vor sich hin, und die Gefahr, von einem aus dem Fenster geschleuderten Müllbeutel getroffen zu werden, ist real. »Unredliche Verwaltung öffentlicher Kassen«, mafiöse Müllabfuhr? Gewiß, dazu aber eine Mentalität der *Assenteismo* (Abwesenheit vom Arbeitsplatz), die sich damit arrangiert hat, sozusagen als Entschädigung des kleinen Mannes. *Assenteismo* in großem Stil ist es, wenn öffentliche Gelder schlichtweg nicht für den dazu bestimmten Zweck verwendet werden, *Assenteismo* von gewaltigen Ausmaßen ist es aber auch, wenn der von der Stadt angestellte Beamte, Arzt, Museumswächter oder auch *netturbino* (Straßenreiniger), statt eventuell während seiner Arbeitszeit herumzusitzen, hart schuftet. Schwarz, nicht an seinem Arbeitsplatz, versteht sich, dessen Entlöhnung er als ihm seiner Empfindung nach zustehendes Privileg kassiert. Süditaliens Tageszeitungen sind weiterhin voller Berichte über die gefürchtete *azione blitz*, mit der Carabinieri Amtsgebäude umstellen und die Anwesenheit kontrollieren. Öffentliche Anstellungen, oft durch die Fürsprache eines Mächtigen erworben, gelten hierzulande immer noch als Vorrecht, nicht als Verpflichtung und, um zu den liebenswerten Formen des kleinen Alltags-*Assenteismo* überzugehen: Ein Mann, der es sich nicht leisten könnte, demonstrativ während der Arbeitszeit in der Bar auf der Piazza eine Tasse Kaffee trinken zu gehen, würde sicher bald den Respekt seiner Freunde verlieren. Da sind die Sizilianer wie der Etrusker Mäzenas, von dem man sich erzählt, daß er sein ungeheures Arbeitspensum heimlich erledigte, um in Gesellschaft lieber als träger Bonvivant zu glänzen. Eine Frage der Würde. Und Arbeit verleiht nun einmal in einem Land, das im Herzen eher spanisch-feudal als protestantisch-bürgerlich denkt, keine Würde. Am Müßiggang erkennt man den Signore.

Zurück zum Müll. Zurück zum Schmutz Palermos, der in seiner Art echt, ja ein Schlüssel zum Verständnis der Stadt ist. Denn Schmutz bedeutet nicht überall dasselbe. Goethe hat in seinem Text eine eminent wichtige Beobachtung gemacht: Die Unterscheidung von privater Sauberkeit und öffentlichem Schmutz. Sizilianer, Palermitaner lieben und kennen den Wert der Sauberkeit, man achte nur auf ihre makellosen Anzüge und stets frisch geputzten Schuhe, und kein Wirt könnte es wagen, für einen neuen Gast kein frisches Tischtuch aufzuziehen. Was ist mit dem Schmutz? Die Antwort ist einfach, Palermitaner sehen ihn nicht, haben sich angewöhnt, ihn nicht zu sehen. So stört er sie nicht.

Gründe dafür lassen sich finden. Man mag die Ordnungs-liebe nördlicher Völker auf ihre jahrtausendalte Bindung ans Gemeinwesen, an Stammesgesellschaft, Zunft, Stadtrecht, an Religionsgemeinschaft, Nation und Wohlfahrtsstaat, auf die gefühlte Verantwortung des einzelnen zurückführen. In Sizi-lien, der immer wieder von fremden Invasoren heimgesuch-ten Insel, deren Städte vom Adel und nicht von Bürgern regiert wurden, diesem Land voller Mißtrauen, selbst gegen-über Italien, fehlt diese Tradition.

Und doch, der tiefere Grund ist wohl Gewohnheit, Eigen-art, seit der Antike erworbener mediterran-orientalischer Lebensstil. In Pompeji, dieser opulenten Villenstadt voll luxuriöser Gartenhöfe, floß der Inhalt der Senkgruben offen über die Hauptstraße, die man nur auf Schrittsteinen über-queren konnte, und bei den vornehmen, mit allen Schätzen des Orients ausstaffierten Kaufmannshäusern des Jemen befindet sich der Abtritt an der Hausaußenwand, zur Straße. Und bis vor wenigen Jahren wohnte man in der Altstadt Palermos wie in der Antike, wie im Barock, nämlich die sozia-len Klassen bunt durcheinander. Noch heute nennt man im Italienischen ein modernes Hochhaus *Palazzo*, aus dem ein-fachen Grunde, daß mehrere Familien darin wohnen wie in einem Barockpalast. Denn der Adelige wollte Dienstboten, Barbier, Träger, Arzt und Musiker für rasche Dienstleistun-gen in unmittelbarer Nähe haben, und das Volk scharte sich wiederum klientenhaft um solch einen Arbeitgeber. Für feine Straßen, wie sie heute durch die Einkommensklassenschei-dung infolge Mietspiegels und Immobilienpreisen üblich sind, war da kein Platz. Das Volk in seiner Armut und seinem Schmutz war überall, schuf und schafft täglich auf den Märk-ten Palermos eine frische, organische Ordnung und Sauber-keit der Früchtepyramiden, Gemüsestände und Fischkörbe. Wer unten war, hatte sich an den Schmutz gewöhnt, und wer oben war, übersah ihn.

Schön und gut, wird man sagen, aber die Fassaden, die

Barockkirchen, muß man die denn so verkommen lassen? Keine Angst, sie werden gewiß in den nächsten zwanzig Jahren renoviert, aber die Gründe, warum sie es bisher nicht wurden, sind so vielfältig, daß auch sie ein bezeichnendes Licht auf die sizilianische Seele werfen. Wir halten Renovieren mittlerweile für ein Gut an sich, insbesondere wenn es sich um ältere »Baudenkmäler« handelt. In Sizilien ist diese Mentalität nicht selbstverständlich, ja es fehlt gerade der Grundkonsens, daß es sich um erhaltenswerte Werke der eigenen Kultur handelt. Man fotografiert gern Hochzeitspaare vor griechischen Tempeln, aber die Barockbauten der *baruni* sind vielen Sizilianern herzlich egal. Menschen, die bis vor zwanzig Jahren von bitterer Armut, Auswanderung und Gastarbeiterlos geplagt waren, sehen noch immer das Fremde, die spanische und bourbonische Ausbeutung. Und die Hausbesitzer selbst? Viele Exponenten des bourbonischen Adels verarmten 1860 beim Anschluß der Insel an Italien. Und dann ist da teilweise noch diese feudale Mentalität, lieber Uraltes als Modernes besitzen zu wollen. Reichtum zeigen ist protzig, neureich. Fassaden vorrichten heißt Reichtum zeigen. Man kennt es auch von Venedig oder Rom, manche bröckelnde Außenwand verbirgt Luxuswohnungen, und ein frischer Anstrich würde geradezu zu Wandschmierereien reizen.

Doch gerade darum, auch wegen des Schmutzes, ist die Altstadt von Palermo (zusammen mit Neapel) ein europäisches Unikum, ein Refugium barocken Schmutzes in einer Welt, die die Verwahrlosung sonst längst in die Betonvorstädte gedrängt hat. Orientalische Bauerndörfer lagern den Schmutz direkt zur Straße, zur Schauseite hin ab. Jahrtausendealte Erfahrung hatte ihnen eingegeben, was man auch in den jüdischen Gettos und Schtetls Osteuropas wußte: Schmutz schützt. Vor Begehrlichkeiten, vor Überfällen, vor Aneignungen. Die Altstadtbewohner Palermos hat er bis heute geschützt. Denn in diesem verfallenden, von Kriegsschäden gezeichneten arabisch-barocken Ensemble lebt immer noch das Volk, hat sich noch nicht die schöne Sterilität luxusrenovierter Wohnungen ausgebreitet.

Tour

Wer Schmutz und Schönheit auf einmal sehen will, muß sich Zeit für die Märkte Siziliens mit ihrer authentischen Geräuschkulisse nehmen. In Palermo hat man die Wahl: die Gassen um die Vucciria (Via Roma bei S. Domenico), wo Milzbrötchen und gekochtes Rindfleisch *(Bollito di manzo)* verkauft werden und die Fischauswahl besonders gut ist, die von einem barocken Triumphportal bekrönte Via Porta Carini (links hinter dem Opernhaus Teatro Massimo) oder den bis spät in die Nacht geöffneten Einheimischenmarkt des Borgo zwischen dem Politeama Garibaldi und dem Bourbonischen Gefängnis. Die echtesten Marktschreier verkaufen in der Schwefelarbeiterstadt Caltanissetta im Landesinneren. Und in Catania, das im Zentrum an lebendiger Verwahrlosung Palermo nicht nachsteht, findet der wohl prächtigste Fischmarkt des Mittelmeeres statt; eine Ecke weiter prangt die Vielfalt der Ätnaobstsorten.

Wer saubere Städte sehen will, muß einfach Kleinstädte wie Ragusa im Landesinneren oder Cefalù aufsuchen. Stadtparks, etwa in Caltagirone oder Erice, präsentieren sich in makellosem Grün, Abfälle wird man vergebens suchen.

Vizzini, Verga und der Verismo

Opernland Sizilien

Die *Cavalleria Rusticana* – Das Teatro Massimo in Palermo – Richard Wagner im Hotel Palme – Verdis *Sizilianische Vesper*

_____ »Zack ... Zack ... Zack ... Sizilien« (Giuseppe di Stefano): Selbst rüde Mafia-Filme wissen den gewalttätigen Schlußeffekt der *Cavalleria Rusticana* zu nutzen: Während die Frauen zwischen den Schlußakkorden kreischend auf die Bühne laufen und *hanno ammazzato compare Turiddu* schreien, findet auf den Stufen des Teatro Massimo von Palermo eine blutige Mafia-Abrechnung in Smoking und Abendkleid statt *(Der Pate III)*.

Die *Cavalleria Rusticana* gilt zu Recht als die sizilianische Oper par excellence und als ein bahnbrechendes Meisterwerk des literarischen und musikalischen Verismo. Zugleich verbindet sich mit ihr eine unglaubliche Erfolgsstory für den Autor Giovanni Verga (1840–1922) aus Catania und für den Komponisten Pietro Mascagni (1863–1945) aus Livorno.

Beide wurden vom Erfolg überrascht. Verga, Sohn kleinadliger Gutsbesitzer aus Catania, hatte zunächst das getan, wovon noch heute viele Sizilianer träumen. Er war nach Norditalien gegangen, erst nach Florenz und dann ins Sizilianermekka Mailand und hatte als Romancier reüssiert. In mondän-blasierten Gesellschaftsstücken wie *Eva*, *Eros* oder *Tigre Reale* waren ihm einige der plakativsten Femmes Fatales der italienischen Literatur gelungen. In den achtziger Jahren läßt er dann in *Elenas Gatte* (*Il Marito di Elena*, 1882) eines dieser Luxusgeschöpfe von ihrem süditalienischen Ehemann erschlagen und wendet sich wieder den Themen seiner Heimat zu. Zwischen den Schlüsselromanen *I Malavoglia* (1881) und *Mastro Don Gesualdo* (1888) erschienen 1883 seine *Novelle rusticane*. In diesen sizilianischen Dorfgeschichten, die sich am oft gewalttätigen Naturalismus Zolas inspirieren, hat

Verga sozusagen dessen italienische Spielart, den *Verismo* begründet. Nicht nur inhaltlich macht er die kleinen Leute, die armen oder rückständigen Bauern des Südens (der Klassengegensatz wird zum regionalen) zu Protagonisten, sondern er entwirft für sie auch eine ganz eigene Sprache und wird somit zum ersten modernen italienischen Dichter, der sich gegen das Diktat des Toskanischen auflehnt. Seine Figuren gebrauchen Kraftausdrücke und Dialektworte, die die Zeitgenossen als sprachintensivierend, als lebensnaher ansehen. Vergas Süden gefiel den Norditalienern gerade wegen seiner ungebändigten Archaik, und er wurde damit zum Ahnvater einer nichtabreißenden ästhetischen, literarischen und später filmischen Beschäftigung mit dem Mezzogiorno.

Die *Cavalleria Rusticana* hat eine klare Handlung und eine klare Sprache. Turiddu, von den Soldaten zurückgekommen, muß mitansehen, wie Lola, der er versprochen war, den reichen Fuhrmann Alfio heiratet. Um ihre Eifersucht zu wecken, macht er der Pächterstochter Santa den Hof und gewinnt so beide Frauen. Doch als Santa von seinem Verrat erfährt, verrät sie ihn ihrerseits an Alfio. Ein Duell ist nach den Gesetzen des Dorfes und der Gesellschaft unumgänglich geworden. Mechanisch vollziehen Alfio und Turiddu die Riten der Forderung und des Kampfes:

Als Gevatter Alfio eintrat, konnte Turiddu schon an der Art, wie der den Blick auf ihn heftete, darauf schließen, daß er wegen der Geschichte gekommen war. Er legte die Gabel auf den Teller.
»Habt Ihr mir etwas zu sagen, Gevatter Alfio?« fragte er ihn.
»Bestimmt keine Bitte, Gevatter Turiddu. Es ist nur schon ein Weilchen her, daß ich Euch nicht gesehen habe, und ich wollte mit Euch über die Sache sprechen, Ihr wißt schon.«
Turiddu bot ihm zunächst ein Glas an, aber Gevatter

Alfio schob es mit der Hand beiseite. Da stand Turiddu auf und sagte:

»Hier bin ich, Gevatter Alfio.«

Der Fuhrmann warf ihm die Arme um den Hals.

»Wenn Ihr morgen früh zu den Feigenkakteen von Canziria kommen wollt, können wir von der Angelegenheit sprechen, Gevatter.«

»Wartet bei Sonnenaufgang an der Landstraße auf mich, dann gehen wir zusammen hin.«

...

Beide waren gute Messerstecher; Turiddu bekam den ersten Stich und war flink genug, ihn mit dem Arm abzufangen; er stach zurück, stach geschickt und traf in die Schamgegend.

»Oho! Gevatter Turiddu! Ihr habt wirklich vor, mich kaltzumachen!«

»Das habe ich Euch doch gesagt; wo ich jetzt meine alte Mutter auf dem Hühnerhof gesehen habe, meine ich, ich hätte sie ständig vor Augen.«

»Macht sie gut auf, Eure Augen!« schrie Gevatter Alfio, »denn jetzt werd ich's Euch gehörig zurückgeben.«

Als er noch ganz zusammengekrümmt dastand, um sich die Linke auf die schmerzende Wunde zu pressen, und mit dem Ellbogen fast den Boden streifte, griff er blitzschnell eine Handvoll Sand und warf ihn dem Gegner in die Augen.

»Ah!« brüllte Turiddu geblendet, »das ist mein Tod.«

Er versuchte, sich zu retten und verzweifelt nach hinten zu springen; doch Gevatter Alfio erwischte ihn mit einem zweiten Stich in den Bauch und einem dritten in die Kehle.

»Und drei! der ist für das Haus, das du mir geschmückt hast. Jetzt wird deine Mutter die Hennen stehenlassen.«

Turiddo fuchtelte zwischen den Feigenkakteen noch eine Weile in der Luft herum und fiel dann wie ein Stein hin. Schäumend gurgelte ihm das Blut in der Kehle, und er konnte nicht einmal mehr herausbringen: »Ach! Mamma mia!«

1890 schrieb der Mailänder Musikverlag Sonzogno einen Wettbewerb für Kurzopern aus. Unter den 70 eingereichten Werken war auch die *Cavalleria Rusticana*, komponiert von einem völlig unbekannten Provinzmusiker namens Pietro Mascagni, der sich kümmerlich als *Maestro di Banda* (Dirigent einer Blasmusikkapelle) im apulischen Städtchen Cerignola durchs Leben schlug. Er gewann. Mit geborgter Garderobe fuhr der mittellose Künstler zu Preisverleihung und Weltruhm.

Verga aber erstritt an den Tantiemen der Oper so viel, daß er auch wieder das tun konnte, wovon viele Sizilianer träumen. Er zog sich als reicher Mann in seine Heimat Catania zurück und schrieb fast nichts mehr, sondern führte das geachtete müßiggängerische Leben eines *barone*.

Doch inwieweit ist die *Cavalleria*, komponiert von einem Toskaner, sizilianisch?

Mascagni beginnt in der Ouvertüre korrekt mit der alten Tanzform der Siziliane, aber es gibt auch gewaltige Schnitzer. Der größte Verstoß gegen die *sicilianità* ist zugleich eine der prächtigsten Partien, Turiddus »Champagnerarie« *Viva il vino spumeggiante, nel bichiere scintillante:* Weder trinkt man im bäuerlichen Milieu Siziliens moussierende Weine, noch benutzt man dazu funkelnde Kelche. Mailand läßt grüßen.

Und doch paßt die Musik zu der Insel. Da sind die großartigen, heroischen symphonischen Partien (die Oper ist unter dem Einfluß Wagners durchkomponiert), und da ist vor allem die Omnipräsenz des Dorfes, vor der sich die Handlung mit der Schicksalsgebundenheit einer Tragödie abspielen muß. Chöre der Landarbeiter und Orangenpflückerinnen eröffnen das Geschehen, die psychologischen Duelle toben, während die Glocken zum Ostergottesdienst schlagen und die Frauen Christus beweinen. Da ist der erschütternde Abschied von der Mamma und die Passion, mit der sich Santa und Turiddu anschreien. Eine Oper für die Sinne, klar, leidenschaftlich, direkt und somit dem Sizilianischen wahlverwandt genug, um Heimatrecht zu genießen.

Und es gibt die »Originalschauplätze« in Vizzini, einer zwanzigtausend Seelen zählenden Landstadt auf einem Hochplateau der Hybläischen Berge. Hier, auf dem väterlichen Besitz, hat Verga immer wieder den Urlaub verbracht und geschrieben, hier hat er seine *Cavalleria* angesiedelt. Es gibt alles noch, die Kirche der Ostersonntagsmesse, die Osteria, wo Turiddu das letztemal mit seinen Freunden aß, und die Feigenkakteen der Canziria. Die Realität des Fiktiven.

Operninsel Sizilien? Das baufällige Teatro Massimo in Palermo, einer der größten Operntempel der Welt, öffnet seit einem Dezennium nur noch für Filme, Ausstellungen und Ansprachen. Es hat große Stunden erlebt: Hier begann an einem Freitag, dem 13., nach eher lauer Aufnahme in Turin und Rom, der Welterfolg von Puccinis *La Bohème* unter dem Dirigenten Leopoldo Mugnone:

Es ist ein Uhr morgens – am 14. April 1896 –, als der Vorhang über der Sterbeszene Mimis fällt. Nach langen Augenblicken der Ergriffenheit überschlägt sich der Applaus, donnernde Salven von »bravi!« kommen wie Sturzwellen aus dem gewaltigen Zuschauerraum des Teatro Massimo, das an diesem Abend mit mehr als 3000 Personen gefüllt ist. Die Sänger, müde, aber glücklich, strahlen bei jedem neuen Hervorruf ...
Endlich gehen die Sänger in ihre Garderoben, ziehen die Perücken von den Köpfen, schlüpfen aus ihren durchschwitzten Gewändern aus der Bohèmezeit. Da läuft der Inspizient nochmals zu ihnen, stößt atemlos hervor, eine

bedeutende Gruppe von Zuhörern gebe sich immer noch nicht zufrieden, man müsse nochmals vor den Vorhang, ja am besten den Wunsch der Begeisterten nach einer Wiederholung erfüllen. Mimi ist schon abgeschminkt, aber sieht auch im rasch übergeworfenen Straßenkleid um nichts weniger hübsch aus, Rodolfo trägt bereits sein eigenes Haar, ist aber ebenfalls erst dreißig und kann sich ohne romantische Verkleidung sehen lassen. Mugnone wußte einen Augenblick nicht ein noch aus; es waren keine zwanzig Musiker mehr im Orchester, den einen oder anderen konnte man schnell noch auf dem Heimweg einholen und ins Theater zurückbringen. Alles Fehlende mußte man mit Klavier ersetzen. Doch das alles tat nichts. Adelina Stehle und Edoardo Garbin wiederholten das Liebesduett aus dem ersten Akt. Dann, angesichts des Deliriums der verbliebenen Hunderte, die Schlußszene des Werkes, Mimis und Rodolfos zarte Erinnerungen jenes fernen Weihnachtsabends, der sie zusammengeführt hatte, Mimis Rührung über ihr Nachthäubchen, das sie unter Rodolfos Kissen findet, und zuletzt ihr langsames Einschlafen, Entschlafen. Und zum zweiten Mal weinen die Zuhörer in dieser Nacht, als Rodolfo mit einem Aufschrei über Mimis toten Körper niedersinkt.

(Kurt Pahlen)

Mithin eines der eindrucksvollsten Beispiele der Da-capo-Tradition, die ja später Toscanini seinen Landsleuten austrieb. Und noch einer ist in Palermo im Massimo zum erstenmal groß herausgekommen: Der neapolitanische Flickschustersohn Enrico Caruso (1873–1921) tingelte erst jahrelang durch die Provinz (u. a. Trapani, worüber Frank Thiess eine hübsche Novelle schrieb), bevor er in der Saison 1897 in Ponchiellis *Gioconda* das palermitanische Publikum zu Begeisterungsstürmen hinriß.

Dann ist da noch der Fall Richard Wagner. Ironie des

Schicksals? Seine erste »richtige« Oper und seine letzte sind jedenfalls eng mit Sizilien verknüpft. Das selten aufgeführte *Liebesverbot* (nach Shakespeares *Maß für Maß*) trägt den Untertitel »Die Novize von Palermo«, eine Ortsbezeichnung, die hauptsächlich gewählt wurde, um die Zensur zu umgehen und gleichzeitig den exotisch-italienische Schauplätze vorziehenden Publikumsgeschmack zu kitzeln.

Aus dem fabelhaften Wien verlegte ich das Sujet nach der Hauptstadt des glühenden Siziliens, in welcher ein deutscher Statthalter, über die ihm unbegreiflich freien Sitten der Bevölkerung empört, zu dem Versuch der Durchführung einer puritanischen Reform schreitet, in welchem er kläglich erliegt.

Die von Wagner selbst als Jugendsünde bezeichnete »Große komische Oper in zwei Akten« dringt tief in die Seele der Sizilianerin ein:

Isabella: So lacht und jubelt doch mit mir!
Ihr kennt die Sizilianerin!
Der Narrennebel schwindet bald,
ich mach' euch frei mit einem Spaß!
Alle: Wo führt das hin? Sie wird verrückt!
Friedrich: Isabella, sprich, was fängst du an?
Was soll ich denken! Bist du toll?
Isabella: Ihr kennt das nicht! Ich bin ein Weib,
Und freue mich auf morgen Nacht!
...
Angelo: Palermos Frauen sind bereit,
Sie teilen jede Lustbarkeit!

Viel später, 1881, kam Richard Wagner mit seiner Frau Cosima selbst nach Palermo. Sie bezogen die Zimmer 24–26 einschließlich Wintergarten im *Grand Hotel et des Palmes* (kurz: *Palme*), einem Hause, das später auch Lucky Luciano schätzte und in dem 1933 der französische Philosoph Raymond Roussel unter mysteriösen Umständen verschied. Wagner, schon kränkelnd, wollte im milden Winterklima den *Parsifal* zu Ende komponieren. Ein weiterer Anlaß mag gewesen sein, daß Cosimas Tochter Blandine sich mit dem sizilianischen Grafen Biagio Gravina verlobt hatte, den sie dann auch 1882 in Bayreuth in der Villa Wahnfried ehelichte.

Cosima hat in ihren Tagebüchern den sizilianischen Aufenthalt vom 5. November 1881 bis 13. April 1882 und besonders »R.s« Stimmungen, Krankheiten und Kommentare detailliert beschrieben. Gleich zu Beginn stand eine obligate touristische Exkursion mit der tiefsinnigen Bemerkung: »Wir fahren am Vormittag nach Monreale. Erhabener Eindruck, was sind das für Menschen gewesen, die so etwas erbauten, ruft R. aus!« (7. 11. 1881)

Bei den palermitanischen Tischgesprächen hingegen war R. meistens in den Niederungen deutscher Tagespolitik, schimpfte über Bismarcks judenfreundliche Politik oder gegen die katholische Kirche, las aber auch einmal – zum Lande passend – Schillers »Taucher« vor. Zugleich geht die Arbeit gut voran, der 3. Akt von *Parsifal*, am 8. 11. 1881 in Palermo begonnen, wird in der sizilianischen Hauptstadt am 13. 1. 1882 beendet. Wagner erhält für seine letzte Oper von seinem Verleger Schott die runde Summe von 100 000 Reichsmark. Zwei Tage später sitzt er Renoir, dessen Stil er gar nicht schätzt – »Was sagt mir das; das Beste, was ein Portrait-Maler heutzutage machen kann, ist ein Bluthund!« (R. essend) –, eine knappe halbe Stunde für ein Porträt.

Einer der Lieblingskomponisten Richard Wagners kam aus Sizilien: Für die Aufführung Vincenzo Bellinis (1801–35), der in seinen Hauptwerken endgültig den Übergang von der Nummernoper zum Musikdrama vollzog, hatte sich Wagner schon 1838 als Kapellmeister in Riga stark gemacht. Im März 1882 besucht er sein Geburtshaus in Catania. Anschließend zieht die Familie zur Kur nach Acireale und nimmt dann vom 3. bis 10. April 1882 im traditionsreichen Hotel *Timeo* in Taormina Quartier. Wie viele ihrer Landsleute wissen die Wagners mit Taormina eigentlich nichts anzufangen, mißtrauen der bloßen Schönheit:

> In Taormina erfreuen die Säulen R. ganz besonders. Bei der Heimfahrt bespricht er es, wie traumhaft es ist, derlei zu sehen, wie es einen eigentlich gar nicht berühre; ich verstehe die Empfindung nur zu gut; ist der Blick der Tiefe zugewendet, so kann die Oberfläche nicht mehr sehr wirken. (3. 4. 1882)

Herzanfälle Wagners zwingen denn auch zu einer überstürzten Abreise, am 13. April schifft er sich mit Cosima nach Neapel – Richtung Deutschland ein. Ein Jahr später stirbt er in Venedig im Palazzo Vendramin-Calergi. Guy de Maupassant, der Sizilien 1885 bereiste, hat im Hotel Palme noch eine Duftnote von ihm gewittert:

> Und ich erfahre, daß der berühmte deutsche Meister einen ganzen Winter hier in Palermo zugebracht hat. Wie überall hat er auch hier sein unerträgliches Wesen, seinen unwahrscheinlichen Stolz gezeigt und die Erinnerung an den ungeselligsten aller Menschen zurückgelassen.
> Ich wollte die Räume sehen, die dieser geniale Musiker bewohnt hatte; denn ich dachte mir, es müsse etwas von ihm darin geblieben sein ...
> Ich sah zunächst nichts weiter als ein schönes Hotelzimmer. Man zeigte mir die Veränderungen, die er vorgenommen hatte, und deutete auf einen genau in der Mitte des Raumes stehenden großen Diwan, auf dem er die mit Goldspitzen eingefaßten, farbig leuchtenden Tapisserien ausgebreitet hatte.

Dann aber öffnete ich die Tür des Spiegelschrankes. Ein köstlicher, starker Duft drang heraus – wie die Liebkosung einer Brise, die über ein Feld mit Rosensträuchern weht.

Der Hotelangestellte, der mich hergeführt hatte, bemerkte: »Da drinnen pflegte er seine Wäsche einzuschließen, nachdem er sie mit Rosenessenz befeuchtet hatte. Dieser Geruch wird nie mehr herausgehen.«

Tief sog ich diesen Blütenatem ein, der hier vergessen und gefangen war, eingeschlossen in diesem Möbelstück – und es schien mir, in diesem Dufthauch, den er geliebt, tatsächlich etwas von Wagner wiedergefunden zu haben – etwas von ihm, etwas von seiner Sehnsucht, von seiner Seele, in dieser Nichtigkeit geheimer und liebgewordener Gewohnheiten, die das intime Leben eines Menschen ausmachen.

Auch Giuseppe Verdi, der in seinem Frühwerk Bellini viel verdankt, hat eine Sizilienoper im Repertoire: Trotz des hochpatriotischen Inhalts und antifranzösischen Sujets war *Les Vêpres Siciliennes (Die Sizilianische Vesper)* Verdis einzige Oper, die ursprünglich auf ein französisches Libretto komponiert wurde. Das Auftragswerk für die Pariser Weltausstellung 1855 enthält eine der glanzvollsten Baßarien: *O tu Palermo* (»Du, mein Palermo«), das Preislied des verbannten Giovanni da Procida, der nach zwanzig Jahren seine Heimatstadt wiedersieht. Und im Finale, wenn zum Glockenschlagen des Vesperläutens der Volkstumult ausbricht, verbreitet sich authentische Risorgimentostimmung.

Noch seltener gespielt werden die über hundertzwanzig Opern – darunter auch ein *Gerone tiranno di Siracusa* – eines Palermitaners, der einmal der Größte des Genres war. Alessandro Scarlatti (1660–1725), der seine Heimatstadt in jungen Jahren verließ, brachte es zum Kapellmeister der im römischen Exil residierenden Königin Christina von Schweden und gilt als Schöpfer der neapolitanischen Musiktragödie, der *Opera Seria.*

Tour

Opernfreunde werden in Sizilien auf ihre Kosten kommen und können dabei ein Gefühl von geheimtiphafter Exklusivität genießen, das die Bühnen des italienischen Nordens nicht vermitteln können. Zwar ist die Restaurierung des *Teatro Massimo,* von dem Architekten Gian Battista Basile und seinem Sohn Ernesto 1875–1897 für 8 Millione Lire errichtet, ein Kapitel ohne Ende. Doch auch das regelmäßig bespielte Politeama Garibaldi an der palmenbestandenen Piazza Ruggiero Settimo, 1874 im pompejanischen Stil mit Zeltkuppel errichtet, verbreitet mit seinen Galerieholzbänken nostalgischen Charme. Glanzvoll kann ein Abend in Catania im *Teatro Bellini* von 1890 sein, besonders während der dem »Schwan von Catania« gewidmeten Festspiele. Fin-de-siècle-Interieur im pariserisch-schwülen Licht roter Lampen und der grell bemalte Bühnenvorhang mit dem antiken *Katane* unter dem Ätna versprechen Belcanto in nicht alltäglicher Atmosphäre.

Ein eher trauriges Kapitel stellen die vielen kleinen Provinztheater Siziliens dar, oft geschmackvolle Jugendstilbauten, die früher regelmäßig bespielt wurden. Als in den 60er Jahren die Volkstümlichkeit der Oper nachließ, wurden sie entweder dem Verfall preisgegeben oder machten die Metamorphose erst zum Kino und dann zum Pornokino durch. Doch seit einigen Jahren werden manche dieser Bühnen wieder restauriert und wenigstens teilweise für Konzerte, Tagungen oder Modeschauen genutzt.

Ebenfalls kaum touristisch ist, trotz rührender Bemühungen, Vizzini, die Stadt der *Cavalleria Rusticana.* Es macht Spaß, dort auf fiktive Spurensuche zu gehen und ein Glas »allzu feurigen Roten« auf Turiddus Opernseele zu leeren.

Wagnerianer hingegen können im *Palme* in Palermo nächtigen. Auf den *sgabello* (Hocker) *di Wagner,* der die Bar des Hotels ziert, darf sich allerdings niemand mehr setzen.

Das Teatro Greco von Syrakus

Die zweite Bühne der Antike

Epicharm und die Erfindung der Komödie – Der schlemmende Herakles – Aischylos' Tod – *Die Braut von Messina* und *The Boys of Syracuse*

_____ Wenn es neben dem Dionysostheater in Athen eine »zweite Bühne« der antiken Welt gab, dann war es das Griechische Theater von Syrakus. Und teilweise können die Sizilianer sogar den ersten Rang reklamieren. Die gewichtige Autorität der *Poetik* des Aristoteles würde sie stützen:

> Deshalb machen auch die Dorer Anspruch auf die Tragödie und die Komödie. Die Komödie wollen die Megarer erfunden haben, sowohl die hier im Mutterlande und zwar zur Zeit, als bei ihnen die Demokratie aufkam, als auch die von Sizilien, denn von dort stamme Epicharmos ...

Dieser Epicharm (»Blüte« 488–485 v. Chr.) aus Megara Hyblaia, einer Polis nördlich von Syrakus, gilt praktisch als Erfinder der griechischen Komödie. Jedenfalls sind die unter seinem Namen erhaltenen Fragmente die frühesten antiken Texte des Genres, älter als die attischen Komödien eines Aristophanes. Wenn nur etwas mehr aus den Anfängen des frühen sizilianischen Theaters überliefert wäre, dann müßte man wohl die Athen-Zentrierung der antiken Theatergeschichte für die Komödie in Frage stellen.

So aber besitzen wir kein einziges vollständiges Bühnenwerk aus dem antiken Sizilien. Aber wir kennen immerhin siebenunddreißig Titel Epicharms, wie etwa *Die Sirenen* oder *Odysseus als Deserteur*, und wir können uns aus den Resten ein lebhaftes Bild von seinem unpolitischen Humor machen. Das beliebteste Sujet war Götterspott, Mythentravestie. Damit wurde Epicharm zum Begründer eines Genres, das noch im

19. Jahrhundert zu den Publikumsfavoriten zählte, etwa in Offenbachs *Orpheus in der Unterwelt*. Epicharms Lieblingsheld war Herakles. Ebenso muskelstark wie schwachköpfig, sorgte er mit seinen grotesken Übertreibungen sexueller und kulinarischer Art für sichere Heiterkeitseffekte. Im *Busiris* (ein von Herakles besiegter menschenopfernder Pharao) werden beispielsweise die furchterregenden Freßgeräusche des Göttermonsters von einem verängstigten ägyptischen Boten geschildert:

Das erstemal wenn du ihn essen sähst, würdest du sterben:
Es röchelt seine Kehle innen drin, es scheppert sein Kiefer,
Es klappert der Backen-, es knirscht der Hundezahn,
Er schaubt mit den Nüstern und schlägt mit den Ohren.

Eine der längsten rekonstruierbaren Passagen besteht bezeichnenderweise aus einer Endloslitanei von Fischnamen, die der Heros anläßlich der *Hochzeit der Hebe* zu verzehren gedenkt. Ein Dokument, das nicht einer gewissen *sicilianità* ermangelt. Denn frischeste Fische zu klassifizieren und genüßlich über ihre Zubereitung zu schwärmen gehört noch immer zu den Freuden des sizilianischen Gesprächs.

Doch es kommt noch toller. In gewisser Weise hat Epicharm auch schon den pirandellesken Menschen der fluktuierenden Identitäten entdeckt. In einem titellosen Fragment schmiedet er aus dem naturphilosophischen Heraklit-Diktum, daß alles fließe, einen genialen Plot. Wenn das zutrifft, argumentiert eine seiner Figuren, dann ist der Mensch von heute auch nicht mehr der von gestern und muß folglich auch nicht mehr die Schulden zurückzahlen, die er gestern aufgenommen hat. Worauf der Leihgeber ihn vertrimmt und vor Gericht kontert, daß auch er ein anderer geworden sei und daher nicht mehr zur Verantwortung gezogen werden könne. Und manchmal scheinen im antiken Sizilien sogar die Personen – wiederum im Sinne Pirandellos – die Autoren heimgesucht zu haben. Dionysios der Große, Retter und Tyrann von Syrakus, war – *nomen est omen* – der Theaterleidenschaft hoffnungslos verfallen und ließ regelmäßig eigene Tragödien bei den attischen Festspielen aufführen. Als er 367 v. Chr. mit seiner *Erlösung Hektors* den ersten Preis gewann, feierte er ein Gelage wie der Herakles des Epicharm. Doch was der robuste Halbgott wegstecken konnte, war im wirklichen Leben zu viel. Auf dem Höhepunkt seines Autorenlebens starb der Tyrann an den Folgen dieser wahrhaft großgriechischen Schwelgerei.

Nicht der einzige Tragödentod auf Sizilien. Aischylos (525/4–456/5 v. Chr.), der älteste der großen attischen Theaterdichter, verschied, freilich unverschuldet, durch einen »fahrlässigen« Adler.

Aischylos reiste zu Hieron nach einem Gewährsmann, weil er sich von den Athenern mißachtet fühlte und dem jungen Sophokles unterlegen war ... Er kam also nun nach Sizilien, und als Hieron damals Aitne gründete, führte er die »Frauen von Aitna« auf, ein Stück, in dem er weissagend den Wunsch für ein Leben voll Glück den Bewohnern der Stadt aussprach. Und gar hoch geehrt von dem Tyrannen Hieron und den Bürgern von Gela, lebte er dort noch das dritte Jahr und starb dann als Greis auf folgende Weise: Ein Adler raubte eine Schildkröte, und da er nicht die Kraft hatte, seiner Beute Herr zu werden, läßt er sie fallen, um auf Felsen ihre Schale zu zerschmettern; sie jedoch stürzt auf den Dichter nieder und tötet ihn. Es war ihm aber geweissagt worden: »Vom Himmel her wird ein Geschoß dich töten.«

Von den erwähnten *Ätnäerinnen* (das antike Catania wurde eine Zeitlang *Aítne* genannt) sind nur wenige Verse erhalten. Eindrucksvoller klingt die mythologische Beschreibung des Ätna aus dem »Gefesselten Prometheus«. Sie führt den Vulkanismus auf die von den olympischen Göttern in die Erde geschmetterten Giganten zurück:

Da liegt der Riese machtlos hingestreckt
Nah an der Meeresenge, wo der Fuß
Des steilen Ätna ihn gefangenhält.
Doch auf dem Gipfel thront Hephäst und schlägt
Die Erzglut. Feuerströme werden hier
Ausbrechen und das weite grüne Land
Ringsum verzehren mit dem scharfen Zahn.
So schäumt die Wut des Typhon wieder auf,
Schnaubt wieder ihres Feuers heiße Glut,
Wennschon vom Wetterstrahl des Zeus verkohlt.

Als Glanzpunkt von Aischylos' sizilianischen Jahren darf aber der Abend gelten, an dem Einzigartiges geschah, nämlich die Wiederholung einer attischen Preistragödie unter der Regie des Dichters im Theater von Syrakus. Nicht ohne aktuellen Anlaß wählte Aischylos die *Perser*, das Drama von der Niederlage des Xerxes bei Salamis, für dessen Erstaufführung in Athen einst Perikles die Kosten der Chorregie getragen hatte. Als der klagende Chorgesang durch das Theater von Syrakus gellte, mag mancher an eine ähnlich verheerende Niederlage von Barbaren auf sizilianischem Boden gedacht haben. Denn in dem Schicksalsjahr 480 v. Chr., angeblich sogar am gleichen Tag, an dem die persische Flotte vor Salamis versank, trieben die Inselgriechen die Karthager bei Himera buchstäblich ins Meer. Selbst das Molochopfer, der Selbstmord des Feldherrn Hamilkar, half nichts, die phönizischen Schiffe verbrannten, und das ganze Heer wurde versklavt.

Chor: ... O o o weh, umsonst,
Unzählige Geschosse, buntgemischt,
Flogt von Asiens Erde ihr – weh! –
Wider Hellas, das Feindesland!

Bote: Voll sind von Leichen schlimmen Tods Gestorbener
Wie Salamis' Strand so dort herum der ganze Ort.
Chor: O o o weh, der Freund'
Umirrende Leiber, salzgetränkt,
Todgewürgt, sagst du, treiben einher
Dort in Doppelgewändern?
Bote: Nichts, gar nichts half der Bogen; ganz ja ging zugrund
Das Heer, bewältigt von der rammenden Schiffe Stoß.
Chor: Schrei Wehruf zu den Feinden all,
Wildjammerndes Geklag,
Die Unheils Fülle voll-
endeten, weh, weh: des Heers Vernichtung!
Bote: O größter Abscheu – Name Salamis – meinem Ohr!
Ha, und Athen, wie stöhn ich auf, gedenk ich dein!
Chor: Verflucht, Athen, den Feinden all!
Gedenken muß ich dran,
Wie es viel Perserfraun
Raubte den Mann wie den künftgen Gatten!

Diese Insel ist für uns dramatischer als irgendein Punkt der Welt, konstatierte Hugo von Hofmannsthal: Aischylos' Tragödien fanden moderne Nachspiele. Nicht so sehr Hebbels *Trauerspiel in Sizilien*, in Wien im friedlichen Kaffee Eilles geschrieben; der nahm den Inselnamen einfach als Metapher für Banditen und Willkürherrschaft. Schiller hingegen wußte in seiner *Braut von Messina* besser, wovon er sprach. Als Geschichtsprofessor in Jena hatte er über die Kreuzzüge gelesen und dabei die Schlüsselrolle des mittelalterlichen Siziliens und der Hafenstadt Messina kennengelernt. Aus dieser Beschäftigung mit der Insel entstanden die Balladen »Der Taucher«, »Die Botschaft« und eben die *Braut*, die in der multikulturellen Gesellschaft der Normannenzeit angesiedelt ist:

Ich habe die christliche Religion und die griechische Götterlehre vermischt angewendet, ja selbst an den maurischen Aberglauben erinnert. Aber der Schauplatz der Handlung ist Messina, wo diese drey Religionen theils lebendig, theils in Denkmälern fortwirkten und zu den Sinnen sprachen.

Gerade dieser Hintergrund ermöglicht ein einmaliges Experiment der deutschen Klassik. Wie in der antiken Tragödie hat Schiller in der *Braut von Messina* den Chor eingeführt, ihn aber – dramaturgisch geschickt – zweigeteilt und den sich um ihre Schwester streitenden Brüdern zugeordnet, sozusagen die Konkurrenz der Bevölkerungsgruppen symbolisierend.

Auch die syrakusanische Komödientradition hat ein Nachleben von der Römerzeit bis heute. In der ganzen Antike galt das aufgeweckte griechische Süditalien als Domäne des Humors und populären Unterhaltungstheaters wie etwa des Mimos oder der sogenannten Phlyakenpossen. Vasenbilder zeigen immer wieder komische Schauspieler mit vorgeschnallten Schmerbäuchen und *Phalloi*. Und selbst ein so geschliffener Redner wie Cicero rühmte in seiner Verteidigung der Sizilianer gegen den blutsaugerischen Prätor Verres deren Esprit:

Numquam tam male est Siculis, quin aliquid facete et commode dicant. (Niemals geht es den Bewohnern Siziliens so schlecht, daß sie nicht noch irgendeinen artigen Witz machen.)

Einmal blieb das Lachen im Halse stecken. Eunus, der Sklavenkönig von Enna (S. 80), verwendete den Mimos für eine Art Agitproptheater. In verzweifelter Situation, als die Rebellen von römischen Truppen belagert wurden, ließ er öffentlich *Sketches* aufführen, in denen die grausame Behandlung durch ihre früheren Herren dargestellt wurde – um die Sklaven zu erinnern, wofür sie kämpften.

Dagegen schätzte der römische Humor ein sizilianisches Lustspielambiente quirliger griechischer Schlagfertigkeit. Eines der beliebtesten Stücke von Plautus, die *Menaechmi*, spielt bezeichnenderweise in Syrakus. In der klassischen Verwechslungskomödie zweier Zwillinge, eines braven und eines liederlichen, ist für Lachstürme gesorgt, etwa wenn die Hafendirne den Braven lasziv-ordinär anmacht. Shakespeare hat aus dieser Vorlage die *Komödie der Irrungen* gemacht und aus der wiederum Richard Rodgers 1938 das Musical *The Boys of Syracuse*. Hier findet man zum Kapitelschluß, sozusagen als amerikanisches Satyrspiel, so erleuchtete Couplets wie:

Dear old Syracuse
It is no big metropolis (falsch, Syrakus war bis zum
Beginn der Araberzeit Metropole Siziliens)
It has no big acropolis (archäologisch korrekt)
Yet there is a quorum
Of beauties in the forum ...

Tour

Das *Teatro Greco* von Syrakus (im Stadtteil Neapolis in der Archäologischen Zone) ist mit geschätzten fünfzehntausend Plätzen das größte der antiken Welt neben dem von Athen. Da weite Bereiche der *Cavea* (Zuschauersektor) und der seitlichen Szenengebäude aus dem Fels geschlagen sind, hat es sich trotz Steinplünderungen relativ gut erhalten. Verloren ging allerdings die perfekte Akustik, so daß die alle zwei Jahre vom ortsansässigen *Istituto Nazionale del Dramma Antico* veranstalteten Festspiele antiker Bühnenwerke (in italienisch) dröhnende Lautsprecher verwenden. Makellos ist das Hörerlebnis hingegen in einigen kleineren hellenistischen Theatern, besonders Segesta, aber auch Taormina, Akrai und Eraclea Minoa. Einzigartig ist schließlich die umfangreiche Sammlung von kleinen Terrakottamasken (4./3. Jh. v. Chr.) im Museum von Lipari. Diese Weihegaben stellen neben klassischen Tragödienfiguren bereits Typen dar, wie sie später etwa Menander in der sog. Neuen Komödie oder der Römer Terenz auf die Bühne gestellt haben, vom strengen Alten zum verschmitzten Sklaven, vom verliebten Jüngling zur geschickten Hetäre, vom Schwätzer zum Geizkragen.

 *Pirandello*

Von Bonn nach Caos

Ein sizilianischer Europäer – Nobelpreis für gespaltene Identitäten – Wahlheimat Berlin – Das Böcklein von Agrigent – Pirandellos Grab

143

_____ Als 1934 der schwedische König den Nobelpreis für Literatur Luigi Pirandello (1867–1936) überreichte,
wurde das Lebenswerk eines Dichters gewürdigt, der wie kein
anderer europäische Dimensionen mit seiner sizilianischen
Herkunft zu vereinen wußte. Die Wurzeln Pirandellos waren
gut sizilianisch, der Schwefelgrubenbesitzerssohn aus Agrigent, das damals noch Girgenti hieß, schrieb über seine
Geburt:

Ich bin herabgefallen, ich weiß nicht woher noch wie
noch warum, herabgefallen eines Tages (doch was ist die
Zeit, und warum nicht früher und nicht später?), herabgefallen in eine dürre Landschaft mit jahrhundertealten
sarazenischen Ölbäumen, Mandelbäumen und Wein-
stöcken unter dem blauen Wogen des Himmels, über
dem schwarzen afrikanischen Meer. Die mich am Fuße
einer Pinie auflas und sogleich Sohn nannte, weil sie
sicher glaubte, ich hätte ihrer bedurft, um geboren zu
werden (ein Bedürfnis, das alle haben, von dem alle wissen, aber das keiner verstehen kann). – Jeder wird sich
selbst geboren, ohne zu wissen wie.

Aber Luigi blieb nicht auf seiner Insel. Dabei war alles schon
arrangiert. Er sollte seine Jugendliebe, eine Kusine, heiraten
und die *zolfara* der Familie übernehmen. Doch nach einem
Praktikum warf er Schwefel und Verlobung hin, um in
Palermo, dann in Rom Recht und Literatur zu studieren.
Nach einem Streit mit einem Professor ging der gutsituierte
junge Mann an die angesehene Universität von Bonn. Hier

144

lernte er die Philosophie des deutschen Idealismus kennen, errang 1891 den Doktorhut mit dem Dissertationsthema »Laute und Lautentwicklung der Mundart von Girgenti« (bei dem ihm schwerlich einer der Bonner Professoren überlegen sein konnte) und erlebte eine Liebesaffäre mit der Vermieterstochter Jenny Schulz-Lander.

Außerdem verschlang er die deutsche Literatur, las Jean Paul, Tieck, Heine, Chamisso und Goethe, dessen *Römische Elegien* er ins Italienische übersetzte und deren Titel er imitierte, indem er seinerseits *Rheinische Elegien* dichtete:

Es hämmert und zerrinnt auf dem Glas der matten Laternen
    entlang dem einsamen Ufer der beharrliche Regen.
Zuweilen, selten, besiegen die Lichter von Beuel im Wind
    den Nebel, blitzen wie Klingen auf und verschwinden.
Finsternis ist alles und Angst. Es tobt der Strom. Doch erfreut
    die gepeinigte Seele sich am Wüten des Wetters draußen.
Mehr als der Nebel bedrängen furchtbare Sorgen die Brust,
    mehr als der tolle Wind bewegt mich vergebliches Sehnen.
Mögen die Nebel, die nordischen Nebel mich noch so umhüllen,
    mag mich der rauschende Flügel der düsteren Winde treffen!
Ich höre in ihnen die Klage meiner unendlichern Sehnsüchte,
    die, nächtens verloren, in der großen Leere stöhnen;
den verzweifelten Schrei meiner vergeblichen Lieben, die sich
    selbst und die Erde beweinen, blind in der Finsternis.

1891 siedelt der junge Doktor nach Rom über und kommt in literarische Kreise, wo ihn besonders sein Landsmann Luigi Capuana, angesehener veristischer Erfolgsautor, fördert. Capuana hat in einer Beschreibung seines Freundes auch einen der ersten Identitätswechsel Pirandellos festgehalten:

Blond, mit einem Nazarenerbärtchen, die etwas langen, nach hinten gestrichenen Haare unter einem breitkrempigen Biberhut, hatte er in der schlanken und vornehmen

145

Person und in dem freundlichen Ausdruck des fast bleichen Gesichtes etwas, das den Sizilianer in ihm nicht vermuten ließ. Manche hielten ihn für einen deutschen Studenten, der nach dem Doktor die unerläßliche Italienreise macht …

1894 geht der Sizilianer Luigi Pirandello eine arrangierte Ehe ein. Antonietta Portulano, im Kloster erzogen und ebenfalls aus einer Agrigentiner Schwefeldynastie stammend, brachte 70 000 Lire Mitgift in die Ehe, hielt wenig von den literarischen Aspirationen des Gatten und gebar ihm drei Kinder. 1903 bricht Wasser in die väterliche Schwefelgrube ein, in die auch die Mitgift investiert ist. Schaden: 400 000 Lire. Antonietta wird halbgelähmt, als sie den Schreckensbrief liest, und bleibt bis zu ihrem Tode 1959 in einem Zustand geistiger Umnachtung mit obsessiven Eifersuchtsanfällen. Pirandello, der seine journalistische Tätigkeit bisher unentgeltlich betrieb und eher aus Liebhaberei eine Professur für italienische Literatur an der höheren Lehrerbildungsanstalt wahrnahm, arbeitet nun um Geld, besorgt den Haushalt und weigert sich entschieden, dem ärztlichen Rat zu folgen und Antonietta in eine Heilanstalt einzuweisen. Eine belastende, eingeengte Situation, die Pirandello nur durch fieberhafte literarische Tätigkeit seelisch erträgt. *La vita o la si vive o la si scrive* – das Leben kann man leben oder schreiben.

Aus dieser Bedrängnis entsteht 1904 ein sonderbarer, spannender, psychologischer Roman, der ihm literarischen Ruhm bringt. *Il fu Mattia Pascal* behandelt das Thema der Bewußtseinsspaltung und des Rollenwechsels. Mattia Pascal gewinnt nach einem Ehestreit in Monte Carlo ein Vermögen. Auf der Weiterreise erfährt er von seinem Tod, eine Verwechslung, die ihn eigentlich frei machen müßte. Doch er kann nicht wirklich von vorn beginnen.

Mit diesem Roman ist eines der großen Themen Pirandellos angeschlagen: die Unfähigkeit des (modernen) Menschen, der psychologischen Zerfaserung des Charakters Einhalt zu gebieten, die Gleichgültigkeit gegenüber den Lebensrollen, die letzten Endes beliebig, bis zu einem gewissen Grade austauschbar sind. Der pirandelleske Mensch – »einer, keiner, hunderttausend« – ist nur beschränkt Herr seines Schicksals, ähnlich literarischen Figuren, die hin und wieder ein Eigenleben entwickeln, aber letzten Endes von der Gnade des Gott-Autors abhängig sind. Diese Ambivalenz hat Pirandello auch im Theater zum Ausdruck gebracht: *Sechs Personen suchen einen Autor*, das berühmteste Stück dieses experimentell-absurden Theaters, in dem sich Theaterdirektor und Schauspieler auf offener Bühne darüber unterhalten, was sie eigentlich spielen sollen, wo die Rollenverteilung fließend wird, brachte 1922 den Weltruhm.

Wenn man Pirandello als sizilianischen Dichter fassen will, dann im Sinne eines »universalistischen« Regionalismus (Michael Rössner). Wer die lokale Thematik Pirandellos kennenlernen will, muß zu seinen Novellen greifen. 365 wollte er ursprünglich schreiben, eine für jeden Tag, *le novelle per un anno*, die Novellen für ein Jahr. 246 sind es schließlich geworden, und in vielen hat er den Sonderlingen seiner Heimat ein Denkmal gesetzt. Selbst in so burlesken Erzählungen wie »Der Tonkrug« (»La Giara«), wo sich der Tonkrugflicker Zi'Dima aus zerstreuter Wut selbst in das riesige bauchige Gefäß einkittet, sind die Charaktere psychologische Miniaturen, Meisterportraits von Menschen, deren allgemeine *condition humaine* wichtiger als das Herausstellen ihrer *sicilianità* ist:

Und am nächsten Tag erschien in Primosole, pünktlich beim Morgengrauen, Zi'Dima Licasi mit seinem Werkzeugkorb auf dem Rücken.
Er war ein alter, krummbeiniger Mann mit verkrüppelten, knorrigen Gelenken wie ein alter sarazenischer Olivenstamm. Jedes Wort mußte man mühsam aus ihm her-

ausziehen. Übellaunigkeit und Traurigkeit wurzelten in seinem mißgestalteten Körper; vielleicht auch das mißtrauische Gefühl, daß nie jemand seinen Wert als noch unpatentierter Erfinder begreifen und richtig anerkennen würde. Zi'Dima Licasi wollte Tatsachen sprechen lassen ...

Zi'Dima stellte den Korb auf die Erde; er holte ein großes, schäbiges, fest zusammengewickeltes Taschentuch aus rotem Baumwollstoff hervor und machte sich daran, es unter den aufmerksamen, neugierigen Augen aller ganz langsam auseinanderzuwickeln; als schließlich eine Brille mit zerbrochenem, bindfaden-geflicktem Gestell zum Vorschein kam, seufzte er, und die anderen lachten. Zi'Dima kümmerte sich nicht darum; er wischte sich die Finger ab, bevor er die Brille anfaßte; setzte sie auf; und begann, mit großem Ernst den Tonkrug zu untersuchen, den man auf die Tenne herausgezogen hatte. Er sagte: Es wird gut werden ...

Auch seiner Heimat Agrigent hat Pirandello zahlreiche literarische Denkmäler gesetzt. Die Öde der Provinzstadt und die puppenhaft-sinnentleerten Mechanismen, sie einzuteilen, werden etwa bei der Beschreibung des Corso deutlich. Agrigentiner, Personen auf der Suche:

Die vielen Müßiggänger der Stadt gingen inzwischen auf und ab, Schritt für Schritt, vor Langeweile fast umfallend, mit dem Automatismus der Verrückten, auf und ab über die Hauptstraße, die einzige flache des Ortes, mit dem schönen griechischen Namen, *Via Atenea* ...

Hingegen spielt »Das schwarze Böckchen«, eine der humorvollsten, weisesten Erzählungen des Autors, im touristischen Milieu. Bei der tragikomischen Privatfehde des englischen Vizekonsuls gegen die bukolische sizilianische Lebenswelt werden Mentalitätsunterschiede zwischen nordischer Rationalität und mediterraner Humanität spielerisch beleuchtet:

> Unterhalb der Böschung eilt, wenn er Wasser führt, der Fluß Akragas dahin, den Pindar als »herdenreich« rühmte. Dann und wann durchquert noch heute eine kleine Ziegenherde das steinige Flußbett, klettert den felsigen Abhang hinan und streckt sich, die magere Mahlzeit wiederkäuend, im feierlichen Schatten des alten, noch unversehrten Concordiatempels aus. Auch der Hirte, tierhaft und schläfrig wie ein Araber, lagert sich auf den abschüssigen Stufen der Tempelvorhalle und entlockt seiner Rohrflöte ein paar klagende Töne. Auf den Herrn Charles Trockley hat dieses Eindringen der Ziegen in den Tempel immer wie eine schreckliche Entweihung gewirkt, und unzählige Male hat er bei den Denkmalswächtern formelle Anzeige erstattet, ohne je eine andere Antwort zu erhalten als ein Lächeln philosophischer Nachsicht und ein Achselzucken …

1936 ist Luigi Pirandello gestorben: Die letzten zwei Lebensjahrzehnte hatten sein Leben geändert. 1919 hatte er widerwillig dann doch eingestimmt, Antonietta in eine Pflegeanstalt einzuliefern. 1925 übernahm er die Leitung des *Teatro d'Arte di Roma*, mit dessen erster Schauspielerin, Marta Abba, ihn eine tiefe platonische Zuneigung verband (er schrieb ihr über fünfhundert Liebesbriefe). Diese Position ermöglichte ihm, durch Auslandsreisen und Tourneen (Südamerika) dem faschistischen Italien, dem er anfangs positiv gegenübergestanden hatte (Parteieintritt 1924), auszuweichen. Nach 1928 wird Berlin, wo er sich gern aufhält und mit Max Reinhardt und Erwin Piscator zusammenarbeitet, zu einer Art Wahlheimat. Fotos zeigen ihn mit Marlene Dietrich beim Presseball oder mit Albert Einstein auf dem Rasen von dessen Wochenendhaus in Caputh. Die deutschen Bühnen, eine

Zeitlang regelrecht im Pirandellofieber, brachten ihm auf Dauer wenig Glück. Eine Inszenierung 1930 in Berlin endete in einem Theaterskandal, und 1934 wurde eines der Stücke des Nobelpreisträgers in Deutschland als zersetzend verboten.

Pirandello, ein Herr vom Scheitel bis zur Sohle und ein bescheidener Mensch, der sich nach eigenen Worten »niemals amüsiert« hatte, hing nicht an seinem zufälligen Leben, fürchtete den Tod nicht. »Pirandello sein langweilt mich schrecklich«, bekannte er 1926. Zehn Jahre später starb er in Rom. Es sollte fünfzehn Jahre dauern, bis wenigstens der letzte Teil seines Testaments erfüllt wurde.

Laßt meinen Tod in Schweigen vergehen. Den Freunden, den Feinden, gilt meine Bitte, nicht nur in den Zeitungen nicht davon zu sprechen, sondern ihn auch sonst nicht zu erwähnen. Keine Anzeigen, keine Teilnahme. Kleidet mich nicht an, hüllt mich in ein Leichentuch. Keine Blumen und keine Kerzen. Man lege mich auf den Armenkarren. Nackt. Niemand soll meinen Sarg begleiten, kein Verwandter, kein Freund. Der Wagen, das Pferd, der Kutscher – das genügt. Verbrennt mich. Laßt meinen Körper, nachdem er verkohlt ist, verwehen. Denn ich will, daß nichts, nicht einmal die Asche, von mir übrigbleibt. Sollte dies undurchführbar sein, dann soll man die Urne mit der Asche nach Sizilien bringen und dort in einen groben Felsen einmauern – in der Ebene von Girgenti, wo ich geboren wurde.

Pirandellos Asche ruht in einer griechischen Vase unter einer alten Schirmpinie in der Contrada Caos, wenige Schritte von seinem Geburtshaus entfernt, das ein kleines, gutbestücktes Pirandellomuseum birgt.

Platon und die Tyrannen von Syrakus

Die gescheiterte Utopie

Platons Sizilienreisen – Der Philosoph als Politiker – Der ungeliebte Tyrann – Dionysios und Dion – *Come si può essere Siciliani?*

_____ Dreimal hat Platon (428/7–349/8 v. Chr.), darf man den umstrittenen Quellen trauen, die Seefahrt von Athen nach Sizilien angetreten. Beim ersten Mal (388/7 v. Chr.) kam er als Bildungstourist, wollte den Ätna sehen, in den sich der bewunderte Philosoph Empedokles gestürzt hatte, stellte sich aber auch am Hofe des Tyrannen Dionysios von Syrakus vor. Doch die Sitten der süditalienischen Griechen entrüsteten ihn:

In dieser Überzeugung begab ich mich, als es zum erstenmal geschah, nach Italien und Sizilien. Als ich dorthin kam, sagte mir das, was man dort bei reichlichen italischen und sizilischen Leckereien ein glückliches Leben nennt, keineswegs und in keiner Weise zu, dahinzuleben, indem man zweimal des Tags sich vollpfropft und keine einzige Nacht allein schläft und welche Gewohnheiten sonst an ein solches Leben sich knüpfen. Könnte und würde doch von allen Menschen unter der Sonne keiner – denn so glückliche Temperamente wird es nicht geben – jemals bei einer solchen Lebensweise zu einem Verständigen und Besonnenen werden. Dieselbe Behauptung möchte wohl auch von den übrigen Tugendgattungen gelten, und kein Staat dürfte, seien seine Gesetze beschaffen, wie sie wollen, zur Ruhe gelangen, wenn seine Bürger meinen, alles im Übermaß vergeuden und nichts anderes der Bemühung wert achten zu müssen als Schmäuse und Zechgelage und eifrig erstrebte Liebesgenüsse.

Nicht das rechte Ambiente für einen Mann, der nie gelacht haben soll. Und doch, ganz erfolglos blieb Platons philosophisches Werben nicht: Dion, der Schwager und Schwiegersohn des Tyrannen, wurde sein Verehrer und Schüler. Er sollte ihm nach dem Schlemmertod (S. 138) Dionysios' des Großen ein Angebot machen, das er nicht ausschlagen konnte, nämlich den Stadtstaat zu reformieren, seine politische Theorie in die Tat umzusetzen.

Der Philosoph als Politiker, Prüfstein und Verlockung, die Platon trotz Demütigungen, Blamagen und Brüskierungen an seiner Mission festhalten und zwei weitere Male zur »Insel der Skylla und Charybdis« reisen ließ.

Mit diesen Gedanken und solchem Vertrauen segelte ich von zu Hause ab, nicht in der Absicht, die manche mir beilegten, sondern hauptsächlich, weil ich Scheu vor mir selber hegte, mein ganzes Wesen möchte mir selbst geradezu als bloße Worte erscheinen, ohne irgend aus freier Wahl Hand an irgendeine Tat zu legen ...

Er war nicht der erste und nicht der einzige Philosoph, der das politische Parkett suchte. Gerade in Großgriechenland hatten Denker immer wieder selbst staatliche Ämter übernommen oder mächtige Tyrannen beraten. Die Pythagoreer waren in Städten wie Kroton, Sybaris und Metapont als feste politische Cliquen etabliert. Der »Guru« Empedokles galt ebenso als politische Leitfigur der akragantinischen Demokratie wie Archytas in Tarent; Dichter vom Format eines Stesichoros, Pindar oder Simonides hatten gegenüber den auftraggebenden Herrschern und Höfen nicht mit philosophischen Ermahnungen gegeizt.

Die neuen großgriechischen Staaten und Verfassungen, die im Zuge der griechischen Kolonisation entstanden, bedeuteten auch politische Experimente, die der Ratgeber und Diskussionen bedurften. Gerade in Syrakus spielt einer der faszinierendsten und aktuellsten politischen Dialoge der Antike, der *Hieron* des Xenophon. Hierin weist der Tyrann höchstpersönlich nach, daß die Tyrannis als schlechteste aller Staatsformen nicht nur den Beherrschten schadet, sondern auch den Herrscher selbst zum Opfer des Systems macht: Im Gespräch mit Simonides schüttet Hieron (478–466/5 v. Chr.) diesem sein Herz aus, daß ein Tyrann furchtbar alleine sei, daß man nur aus Furcht oder Berechnung, nicht jedoch aus Zuneigung vor ihm im Theater aufstehe, ja daß selbst seine homosexuellen Beischläfer ihm nur aus Berechnung, niemals aber aus Liebe zu Willen seien:

> *Hieron:* … Der Herrscher dagegen, glaub' es mir, mein lieber Simonides, verbringt seine Nächte und Tage ganz so, wie ein wegen seiner Ungerechtigkeit zum Tode Verurteilter.
> *Simonides:* Wie kommt's aber, Hieron, wenn es etwas so Schlimmes um das Herrschen ist und du es als solches erkannt hast, daß du dich nicht losmachst von einem so großen Übel, und daß weder du noch je irgend ein anderer, der sich einmal in den Besitz gesetzt hatte, die Herrschaft freiwillig wieder hat fahren lassen?
> *Hieron:* Weil gerade in dieser Beziehung die Herrschaft das jammervollste Ding ist, Simonides. Denn nicht einmal von ihr sich loszumachen, ist möglich. Wie sollte je ein Herrscher Mittel genug besitzen, um allen, die er beraubt hat, ihr Geld zu erstatten, oder wie zum Ersatze sich alle die Fesseln anlegen lassen, in die er andere geworfen hat, oder wie zum Entgelte für alle, die er getötet hat, Leben genug in den Tod geben? Fürwahr, mein lieber Simonides, ist es irgend einem Menschen ersprießlich, sich zu erhängen, so wisse, daß ich es ganz besonders für einen Herrscher ersprießlich finde, also zu tun: denn für ihn ist weder das Behalten noch das Abtun des Übels ersprießlich.

Angesichts dieser süditalienischen Tradition politisierender Denker empfiehlt es sich, auch die Rolle Platons in Syrakus zu relativieren. Er war einer unter vielen Philosophen, die – oft unter prekären Umständen – die Nähe zu Mächtigen und Politik suchten. Und dementsprechend, so weiß die Anekdote zu berichten, behandelte der alte Dionysios den Athener auf seiner ersten Reise. Wie einen zum Hofstaat gehörigen Domestiken forderte er ihn aus einer Laune heraus auf, Frauenkleider anzulegen, und ließ ihn als Sklave verkaufen. Ein Gönner löste den Philosophen aus und finanzierte die Akademiegründung in Athen: Platon fand Zeit, seine Staatstheorie in dem sokratischen Dialog *Politeia* niederzulegen und zu lehren.

367 v. Chr. ereilte ihn der Ruf seines Freundes Dion. Der hatte nach dem Ableben Dionysios' I. zunächst die Regierungsgeschäfte für dessen unerfahrenen und vergnügungssüchtigen Sohn Dionysios II. übernommen: Er forderte Platon auf, nach Syrakus zurückzukehren und den neuen Tyrannen nach seinen Staatsvorstellungen zu unterweisen. Platon nahm an, obwohl die Aufgabe ideologisch heikel war und von ihm eine weltanschauliche Kehrtwendung verlangte. Denn in der *Politeia* hatte der oligarchiefreundliche Philosoph den Tyrannen als populistisches Produkt einer entartenden Demokratie, in der offenbar zwangsläufig Disziplin und Respekt zusammenbricht (Lehrer schmeicheln den Schülern, Sklaven nehmen sich Freiheiten heraus, Frauen genießen Gleichberechtigung), gewertet und in den schwärzesten Farben als kannibalischen Werwolf gegeißelt.

Jetzt war er bereit, gewissermaßen in die Höhle des Wolfes zu gehen und ausgerechnet einen auf die dreißig zugehenden Lebemann-Tyrannen und Zecher mit schöngeistigen Anwandlungen von antityrannischer Politik zu überzeugen. Doch auch Platons zweite Kontaktaufnahme mit der Macht stand unter einem ungünstigen Stern. Dionysios II. akzeptierte Platons philosophische Unterweisung nur anfangs. Als gar die Privatstunden in Mathematik begannen, verlor er jegliches Interesse. Folgenreicher aber war, daß die Machtverhältnisse im syrakusanischen Staat noch keineswegs geklärt waren. Dionysios II. entledigte sich bald Dions und schickte ihn nach Griechenland in Verbannung. In diesem auch heute noch von Historikern schwer zu überschauenden Wirrwarr wurde Platons Rolle letzten Endes auf die einer Schachfigur im Dienste der politischen Interessen anderer reduziert. Der Mythos von den sizilianischen Tyrannenhöfen, an denen Dichter und Denker einen Freiraum fanden, hatte diesmal gründlich getrogen. Platon floh, doch als ihn Dionysios II. 361 v. Chr. dringend einlud, weiterzumachen, ließ er sich wieder breitschlagen, merkte aber bald, daß es eigentlich nur darum ging, ihn gegen Dion und dessen Exilpartei auszuspielen. Der Tyrann scheint ihn sogar zeitweilig als eine Art Geisel zu den Söldnern auf die Burg gesperrt zu haben. Schließlich gelang Platon mit Hilfe des Philosophenfreundes Archytas eine zweite abenteuerliche Flucht.

Über das gesamte sizilische Abenteuer sind wir am besten durch den siebten Brief Platons (an die Parteigänger Dions) unterrichtet. Ob er nun von ihm selbst stammt oder nicht, jedenfalls ist der erste Eindruck nicht der von in Ruhe vorgebrachten Lehrmeinungen und Ratschlägen, sondern eher von erregten Rechtfertigungen und Klärungsversuchen. Platon ist in Sizilien vor lauter Tagespolitik und persönlicher Gefährdung nicht viel zu philosophischen Theorien gekommen. Und wo er politische Statements abgibt, klingen diese weit pragmatischer als in seinen Lehrschriften. Der andauernde Bürger- und Söldnerkrieg scheint vor allem den nüchternen Wunsch nach Frieden und geregelten Verhältnissen hervorgerufen zu haben, hinter dem Experimente zurückstehen müssen:

Desselben Sinnes muß der Verständige auch hinsichtlich des Staats, dem er angehört, sein; er muß, wenn die Verfassung desselben ihm nicht gut erscheint, es aussprechen, sobald seine Rede keine vergebliche sein noch auch sein Leben bedrohen würde, der Gewalt aber gegen sein Vaterland zur Umgestaltung der Verfassung sich nicht bedienen, wenn es nicht möglich ist, ohne Landesverweisungen und Blutvergießen die beste Verfassung herbeizuführen, vielmehr sich ruhig verhalten und auf gute Wünsche für sich und sein Vaterland sich beschränken.

Die Wirklichkeit sah anders aus. Dion kehrte 357 v. Chr. nach Sizilien zurück und kämpfte nicht nur gegen die Söldner Dionysios' II., sondern auch gegen die demokratische Partei, um eine oligarchische Verfassung im platonischen Sinne durchzusetzen. Als ihm dies praktisch gelungen war, fiel er 354 v. Chr. einer Philosophenintrige zum Opfer. Sein von Platon ausgebildeter Anhänger Kallippos ließ ihn ermorden und übernahm als »Retter der Demokratie« die Regierung. Der »Philosoph als Herrscher« hatte wenig Zeit, für das Glück seines Staates zu sorgen. Seine Söldner töteten ihn, als ihm das Geld für Soldzahlungen ausging.

Und was wäre geschehen, wenn Platon in Sizilien wirklich zum Zug gekommen wäre? Müßige, aber reizvolle Spekulationen. Die spärlichen politischen Ratschläge, die sich im siebten Brief finden, lassen eher einen maßvollen Pragmatiker als den rigiden Ideologen der *Politeia* erkennen. Hätte er etwa sein eigenes Staatsmodell gar nicht angewandt, wenn er wirklich die Chance dazu gehabt hätte? Oder stammt der Brief nicht von ihm? Hielt er sich nur aus taktischen Gründen zurück?

Platons Idealstaat, wie in der *Politeia* niedergelegt, hätte bedeutet, einen starren hierarchischen Klassenstaat aufzurichten. An der Spitze hätten die Philosophen als Herrscher gestanden, darunter das Militär und darunter der rechtlose Helotenstand der Arbeiter.

Sir Karl Popper hat, unter dem Trauma des Anschlusses

157

Österreichs 1938, dieses Modell als »protofaschistisch« und in einem berühmten Buchtitel Platon als »Feind der offenen Gesellschaft« bezeichnet. Tatsächlich ist das Individuelle in der *Politeia* ein auszumerzender Störfaktor. Die Wurzeln solcher platonischer Ideologie sind auch dem Zeitgeist verhaftet. Unter dem Eindruck des Peloponnesischen Krieges (431–404 v. Chr.) und der furchtbaren Niederlage der attischen Demokratie gegen Sparta (die mit der gescheiterten Expedition Athens gegen Syrakus eingeläutet wurde), hatte Platon mit einer gewissen Naivität geschlossen, daß das streng aristokratische, anonyme Kastensystem Spartas offensichtlich das Bessere, weil Stärkere sei. Eigentlich komme es nur noch darauf an, die wirklich Besten, d. h. natürlich die Philosophen, in die Position der regierenden Kaste zu bringen, dann wäre der Idealstaat erreicht. Ein kleines Ärgernis hätte es in diesem totalitären Gesellschaftsgefüge freilich noch gegeben. Die Vielfalt der Literatur:

> Zuerst also, wie es scheint, müssen wir Aufsicht führen über die, welche Märchen und Sagen dichten, und welches Märchen sie gut gedichtet haben, dieses einführen, welches aber nicht, das ausschließen.

Diese Staatsutopie hatte in Syrakus keine Chance. Platon und Sizilien, das ist auch die peinliche Geschichte eines Mißerfolgs aus krasser Fehleinschätzung der realen Möglichkeiten. Platon blieb politischer Statist, wurde nie zum Akteur.

Die Anhänger Platons mag es trösten, daß auf der Insel Weltverbesserer und Ideologen nie große Fortüne hatten. Viktor Amadeus von Savoyen, König von Sizilien, der die Insel 1713 von den abgewirtschafteten Spaniern übernahm, war schließlich froh, sie gegen Sardinien einzutauschen, als er mit seinen Reformplänen beim einheimischen Adel gescheitert war. 1781 bezog dann ein Aufklärer von internationalem Rang den alten arabischen Emirspalast als bourbonischer

Vizekönig: Domenico Caracciolo, Freund und Briefpartner Voltaires und Diderots. Gegen den Schulterschluß von Kirche und allmächtigen Baronen kam er mit seinen Plänen zur Hebung des allgemeinen Wohlstands durch Agrarreform und Privilegienbeschneidung nicht durch. Statt dessen lärmte die Straße *festa o testa* (Fest oder Kopf ab!), als er die Freuden des Augenblicks, nämlich das fünftägige Rosalienfest, beschneiden wollte. Carraciolo gab die hochfliegenden Pläne mit einem leicht abgewandelten philosophischen Zitat aus Montesquieus *Lettres Persanes* auf: *Comment peut-on être Siciliens – Come si può essere Siciliani?*

Dieselben individualistischen Sizilianer, die es vorziehen, beim Essen den Wirt zu fragen, anstatt eine gedruckte Speisekarte anzustarren, die lieber in einer Bar bei einem *Caffè* oder *Amaro* nach der nächsten Busverbindung fragen, als mühsam einen Fahrplananschlag zu studieren, haben bis in die Gegenwart hinein instinktiv auch die persönliche, individuelle, menschliche, überschaubare Art des Regierens und Verwaltens höher geschätzt als das abstrakte Konzept von Staat, Verfassung, Nation oder Ideologie. Auch wenn dabei manchmal Tyrannis oder Mafia herauskommen kann.

Tour

Platons Präsenz in Sizilien hat keine Spuren oder Denkmäler hinterlassen. Die Sizilianer haben schon ihren eigenen großen Philosophen wie Empedokles von Agrigent, dem Sophisten Gorgias von Leontinoi oder sogar dem weltberühmten Archimedes von Syrakus keine Statuen errichtet. Die Bourbonen hüteten sich wohl, Philosophen allzu öffentlich zu ehren, und im Königreich Italien stellte man lieber Garibaldi- oder Vittorio-Emmanuele-Büsten auf. So entfällt diese Tour.

»What a mistress!«

Im Banne des Ätna

Empedokles und die philosophische Bergtour – Der sizilianische
Kyffhäuser – Von Hephästos zu Hölderlin – Ein Ausbruch muß es sein

_____ Bereits in der Antike hielt man den feuerspeienden Ätna, die »Amme des scharfen Schnees« (Pindar), für die eigentliche Hauptsehenswürdigkeit Siziliens, auch wenn einige die Geschichten von der Feueresse des Schmiedegottes Hephaistos und vom Besuch der Liebesgöttin in der rußigen Werkstatt des Gatten ebenso als Fabeln abtaten wie die volkstümliche Vulkanismuserklärung von den tief in der Erde an ihren Ketten rüttelnden Giganten. Der anonyme römische Dichter, der im Stile Vergils den Flammenberg in einem hexametrischen Lehrgedicht *Aetna* besang, mokierte sich jedenfalls in einer der frühesten Tourismuskritiken am sinnlosen Hasten nach Sightseeing-Objekten, wo es doch etwas allen Überlegenes gäbe. Das Naturwunder des Ätna:

Um berühmte Prunkwerke zu sehen und kunstvolle Tempel, die wegen des Reichtums der Menschen oder wegen des Alters des Kultes in aller Munde sind, durchziehen wir Meere und Länder und rennen am Rande des Todes dahin, und gierig graben wir die Lügen alter Sagen aus und lassen es uns einfallen, alle möglichen Völker zu erforschen ... Meinst du wirklich, daß es sich lohnt, dies alles zu sehen und Gefahren zu Wasser und Land in Kauf zu nehmen? Blick auf das riesige Werk der Künstlerin Natur; es gibt kein ebenso großes Wunder mehr, das die menschliche Leier besingen könnte.

Es sollte lange dauern, bis sich die nachantiken Touristen diesen Tip wirklich zu Herzen nahmen. Denn die Menschen des Mittelalters mieden sogar nicht-feuerspeiende Berge. Höchstens Einsiedler, Hirten oder Ausgestoßene wagten sich in die dämonische Welt der Berggipfel vor, die sich im Nebel der Sage verhüllte. So wurde aus dem Ätna eine Art sizilianischer Kyffhäuser, mit fünftausend Rittern soll nach einer süditalienischen Chronik Friedrich II. in seinen Schlund eingeritten sein. Und auch als Petrarca mit seiner Besteigung des Mont Ventoux in Südfrankreich den humanistischen Frühalpinismus begründete, mied man den schneebedeckten *Mongibello* (halbarabischer Name für Ätna), in dem offensichtlich das höllische Feuer des Teufels brannte, weiterhin. Nur in Notfällen, wie bei dem verheerenden Ausbruch von 1669, wurde jemand hinaufgeschickt.

Erst im respektlosen aufgeklärten 18. Jahrhundert wurde das Besteigen von Vulkanen plötzlich Mode. Neben naturwissenschaftlichen Beobachtungsmöglichkeiten reizte ein klassischer Vorwanderer dieser Bergtour, die nicht unbeträchtlichen Kosten und Strapazen auf sich zu nehmen. Empedokles, der agrigentinische Naturphilosoph, hatte sich im 5. Jahrhundert v. Chr. in den Krater gestürzt, der prompt seine Sandale wieder ausgespieen hatte. Schon Platon war eigens nach Sizilien gereist, um den Grabberg jenes eigenwilligen Philosophen zu sehen, der Liebe und Haß als die treibenden Kräfte der Schöpfung ansah und Seelenwanderung, Nächstenliebe, Vegetarismus und eine Art kosmischer Sympathie predigte. Ein Vorsokratiker, der sich von seinen Anhängern wie ein Guru feiern ließ:

Ihr Freunde, die ihr wohnt in der großen Stadt des gelblichen Akragas-Flusses ... seid mir gegrüßt! Ich sage euch: Als ein unsterblicher Gott reise ich umher, nicht mehr sterblich, bei allen, wie es sich in meinem Fall gehört, mit Ehren ausgezeichnet, mit Binden umflochten und blühenden Kränzen. Von allen, deren blühende Städte ich besuche, von Männern wie von Frauen, werde ich verehrt. Und sie folgen mir zu Zehntausenden und

162

fragen, wohin zum Gewinn der Pfad führe. Weissagungen verlangen die einen von mir, die anderen erbitten Auskunft bei Krankheiten aller Art, um ein heilbringendes Wort zu erfahren …

Sein Freitod regte von jeher die Spekulationen an – bis hin zu Brechts Empedoklesballade. War er Trick, Mord, bloße Inszenierung? Oder war Empedokles durch den Ätnaschlund in die chthonische Welt des Vulkangottes Hephaistos zurückgekehrt in die Welt der Götter, aus der seine Seele laut Eigenaussagen ja stammte? Hölderlin jedenfalls beschrieb in einem seiner schönsten Gedichte Empedokles von Akragas als einsamen Seelentitan und Wahlverwandten:

Empedokles
Das Leben suchst du, suchst, und es quillt und glänzt
    Ein göttlich Feuer tief aus der Erde dir,
        Und du in schauderndem Verlangen
            Wirfst dich hinab, in des Ätna Flammen.

So schmelzt' im Weine Perlen der Übermut
    Der Königin; und mochte sie doch! hättst du
        Nur deinen Reichtum nicht, o Dichter,
            Hin in den gärenden Kelch geopfert!

Doch heilig bist du mir, wie der Erde Macht,
    Die dich hinwegnahm, kühner Getöteter!
        Und folgen möchte ich in die Tiefe,
            Hielte die Liebe mich nicht, dem Helden.

Mit Sicherheit war Empedokles der größte Philosoph, der bis zum Kraterrand vordrang. Der letzte war er nicht. Denn im 18. Jahrhundert fühlten sich fast alle, die ihre Ätnabesteigung beschrieben, dazu berufen, in der Nachfolge Petrarcas philosophische Betrachtungen anzustellen. Die philosophische

Bergtour war en vogue: Die Einsamkeit, der weite Blick luden zu weiterer Perspektive, zu Menschheits- oder zumindest Sizilienbetrachtungen. Ein schönes Beispiel solcher aufklärerischer Ätnareflexionen hat 1767 ein Freund Winckelmanns, der hessische Baron Johann Hermann von Riedesel, hinterlassen:

> Hier, auf dem Gipfel eines der höchsten Berge der Welt, genoß ich der weitesten und schönsten Aussicht, welche zu erdenken ist … die Wolken schweben unter dem Gipfel des Berges, und die Sonne bildet die schönsten Schattierungen; man glaubt der Natur zu gebieten und scheint über die Menschheit erhaben, wenn man sich über alles, was sterblich ist, so hoch empor siehet. Elende Menschen, welche wie Ameisen in einem engen Bezirke sich um einen Strohhalm streiten, was ist ein Königreich gegen die Erde; was die Erde gegen das unendliche Meer; was das Meer gegen das ganze Weltsystem? Glücklich ist nur derjenige, welcher frei und ungezwungen wenigstens auf der Erde seinen Aufenthalt sich wählen kann und denselben ohne Kummer genießet, da so viele Menschen als Sklaven an güldenen Ketten ihre Lebenszeit zubringen! Von der andern Seite erblickte ich das Ufer der ganzen Insel und die Gegend, welche ich von Palermo an durchreiset hatte, das Ufer von Messina bis Palermo; und ich übersahe alle Berge Siziliens, welche teils bebauet, teils mit Wäldern bewachsen, teils nackte Felsen sind.

Der Zeitgeist ändert sich. Auch für Bergsteiger. Im frühen 19. Jahrhundert stieg man romantisch, suchte Abenteuer, Gefahr, warf sich dem lockenden Flammenberg geradezu entgegen. Man erlebte anders. Einer von denen, die auf einer Ätna-Erklimmung ihr Originalgenie bestätigten, war der junge Heilbronner Poet Wilhelm Waiblinger (1804–1830). Ein Italienverfallener, der sanfte Weltschmerzgedichte über Sizilien und den Golf von Neapel schrieb und, noch nicht dreißig, ein Grab im »akatholischen« Gottesacker an der römischen Cestiuspyramide fand. Wenige Monate nach dem feurigen Brief an seine Eltern (16. 9. 1829) starb er an der Schwindsucht:

Und von Catania aus, am 23. und 24. August, habe ich den Ätna bestiegen. Unter zehn Reisenden, die es versuchen, die höchste Spitze dieses 11 000 Fuß hohen Vulkans zu erklimmen, gelingt's kaum einem. Der lindeste Wind wirft einen zu Boden. Ich habe, dank dem Gott, den ich nie größer sah als an jenem Morgen, alles äußerste Glück gehabt. Zehn Stunden steigt man empor und übernachtet unter dem Krater in einem Hause, wo man in ein Matrosencapotto gehüllt am Feuer sich vor der sibirischen Kälte schützt. In jener Nacht schlief kein Mensch in ganz Europa so hoch als ich, denn ich war 10 000 Fuß hoch. Ich spürte gar keinen schädlichen Einfluß der Luft. Die meisten erbrechen sich. Ich verzehrte mein Huhn und trank meinen göttlichen Wein, aber fror dennoch. Zwei Stunden vor Tag trat ich mit dem Führer (denn ich habe zwei Personen und zwei Pferde für die Reise nötig gehabt), über und über eingehüllt, mit dem gewaltigen Stock die fürchterliche Wanderung auf den Krater an. Es rauchte erschrecklich, und der Dampf kam uns entgegen, denn es war Ostwind. Weiter empor als über die grauenvolle Lava kommt selten jemand. Mir gelangs. Eine Stunde lang kletterte ich empor und erreichte den Gipfel glücklich. Noch war Dämmerung. Ich glaubte zu sehen, wie Gott die Welt schaffe. Kein Wort reicht, um Euch diesen Anblick zu beschreiben. Angeklammert in Todesangst (denn der leiseste Luftzug ist lebensgefährlich), zu Boden auf der rauchenden Erde liegend, sah ich in diese Hölle hinab unter Dampf und Feuer und Donner. Schaudervolleres hab ich nicht gesehen. Aber Erhabeneres nichts als auf der höchsten Spitze,

wo ich, freilich zitternd vor Angst und zu Boden
gestreckt, die Sonne hinter Kalabrien aus dem griechischen Meer heraufglühen sah, während es auf der ganzen
Erde noch Nacht war.

Ein gesteigertes Erlebnis, das auf massentouristischen, jeep-
geschüttelten Bergfahrten von heute kaum noch nachvoll-
ziehbar ist. Die Träume, die der Schneeberg von fern weckt,
verbleichen rasch angesichts demolierter Liftpfeiler, die aus
haldenartigem, schmutziggrauem Lavagebrösel ragen. Der
Blick von fern ist fesselnder als der in die Ferne, der in den
Krater seit einem Jahrzehnt zu gefährlich. Die literarische
Magie des Mongibello, der D. H. Lawrence noch verfallen
war, ist verflogen:

> Ah, what a mistress! Dieser zeitlose Ätna der Griechen in
> seiner dem tiefen Himmel zugeordneten Lieblichkeit,
> so lieblich ist er, so lieblich, und welche Qual! Nur
> wenige Menschen können ihm wirklich widerstehen,
> ohne ihre Seelen zu verlieren. Er gleicht der Circe.

Da bleibt als modernes Abenteuer allenfalls die Sehnsucht
nach einem fotogenen leibhaftigen Ausbruch – er soll auch
hier nicht fehlen. Gottseidank waren von den etwa hundert-
fünfzig historisch registrierten Eruptionen nicht alle so ver-
derben- und todbringend wie die von 1669, die Catania verschlang. Eine von ihnen hat Johann Ladislav Pyrker von
Felsö-Eör (1772–1847), Freund Grillparzers und Patriarch
von Venedig, in diplomatischer Mission auf Sizilien erlebt. Er
hat das Ätnaspektakel 1820 in seiner *Tunisias*, die den 1535
von Sizilien gestarteten Feldzug Kaisers Karls V. gegen Tunis
besingt, in pompösen Hexametern dramatisch verewigt.

> Erst aus dem finsteren Schlund, in meilenumkreisender Breite,
> Quoll Rauch auf – weithin am Himmel die Sterne verschlingend,

Und in dem wirbelnden Flug' durchzuckten ihn bläuliche Blitze.
Dann aufbrauste, wie Staub, vom Winde gerafft an dem Kreutzweg,
Odemberaubender Schwefelqualm, und stöbernder Asche
Dichtes Gewölk, und jetzt, in wüthender Eile geschleudert,
Rasselten glühende Stein' ihm nach – jetzt hob sich die Flamme
Himmelempor, und leuchtete fern in die finstere Nacht hin.
Rings erglühte das Meer. So hoch die Flamm' an die Wolken
Loderte, sank ihr Bild so tief in's dunkle Gewässer
Nieder, und warf in die Unterwelt hellleuchtende Funken.
Aber den kreißenden Berg durchwühlten noch stärkere Wehen.
Unterirdischer Donner rollt'; aufrauchten die Wogen –
Schlugen das schäumende Haupt im Kampfe zusammen; des Aetna
Scheitel erbebte: denn, o des grausenerweckenden Anblicks!
Jetzt ausspie sein Schlund die glühende Lava: sie wälzte
Breiter, und flammender stets, die feurigen Wogen herunter.
Laut aufheulten die Lüft', und die Schöpfung schauderte ringsum.

Tour
In Taormina bricht der Ätna permanent aus. Die Eruptionsvideos gehören zum Straßen-bild. Der Ätnablick, meist mit Schnee, ist aber auch life zu haben, etwa vom Theater aus. Oder von Castel Mola und ungezählten Belvederes sizilianischer Kleinstädte. Die Mulis, die bis Ende der 60er Jahre den Aufstieg erleichterten, sind verschwunden. Man fährt mit der (immer wieder zerstörten) Seilbahn oder mit Jeeps auf eine von Wet-terlage und vulkanischer Aktivität abhängige Höhe (ca. 2500–2900 m), wo man im Winter meist skilaufen kann und ansonsten eine Stippvisite mit einem Bergführer unter-nimmt. Ein Aufstieg zum Hauptkrater ist wegen Steinschlaggefahr untersagt. Wer län-ger im *Parco dell'Etna* wandern will, etwa den reizvollen Lateralaufstieg durch das Valle del Bove oder, wie Goethe, zu den Maronenwäldern der Monti Rossi, sollte festestes Schuhwerk tragen, da Lava scharf und kantig ist. Zu empfehlen ist auch eine Rund-fahrt mit der Circumetnea-Bahn von Giarre-Riposto nach Catania. Unterwegs leuch-ten Orangengärten hinter schwarzen Lavamauern. Und im basaltgepflasterten Catania mit dem Lavaelefanten im Wappen quillt der Markt von den Segnungen des Ätna, den Früchten, über. Den Schrecken erblickt man hingegen in der Sakristei des Doms. Hier schildert ein Gemälde den Ausbruch von 1669, das Seebeben und die hilflos flehen-den Bittprozessionen.

Verfluchter Schwefel

Die gelbe Hölle

Eine Frühindustrie stirbt –
Maupassant und die *carusi* –
Infernalische Sonette –
Hoffnungsloser Streik

_____ Die ersten Schwefelbergleute Siziliens waren, will man den Theorien eines wackeren, palermitanischen Gelehrten des 19. Jahrhunderts glauben, die antiken Kyklopen. Professor Barresi behauptete 1856 allen Ernstes, der Mythos ihrer Einäugigkeit ginge auf Grubenlampen, die sie sich auf die Stirn geschnallt hätten, zurück. Verbürgt ist hingegen, daß Eunus, der Sklavenrebell von Enna, sich das gelbe Mineral für Zaubereien zunutze machte: mit Hilfe von Schwefel, den er in eine Nuß gefüllt hatte, konnte er Flammen aus seinem Mund schießen lassen. Mit bescheidenem Bergbau scheinen dann erst die Araber begonnen zu haben, und unter den aufgeklärten Bourbonen des 18. Jahrhunderts entstanden die ersten größeren Gruben.

Als dann Napoleon in Neapel seine Verwandten auf den Thron setzte, kamen die Engländer, um den nach Sizilien geflohenen Bourbonenkönig zu beschützen, auf die Insel. Eine Garnison mit viel Zeit. Sie flirteten, wie etwa Lord Nelson, dessen Nachfahren noch heute ein Landgut bei Bronte besitzen, mit der Botschaftersgattin Lady Hamilton. Sie bauten die 1773 von dem Engländer John Woodhouse gegründete Marsalaproduktion aus – die Kontinentalsperre bedrohte mit der Unterbrechung des Portwein- und Sherryhandels liebgewordene Trinkgewohnheiten der Royal Navy. Und sie durchforschten Sizilien, stiegen auf den Ätna und propagierten die wirtschaftlichen Nutzungs- und Exportmöglichkeiten der reichen Schwefelvorkommen der Insel, die zum größten Teil aus vulkanischem Gestein besteht.

Besonders im sogenannten *Altopiano Zolfifero*, dem infolge »vorätnäischer Aktivität« aufgewölbten zentralen Hügelland

169

zwischen Caltanissetta, Lercara Friddi und Riesi entstanden dann seit etwa 1820, teilweise mit ausländischem Kapital, rund fünfhundert Schwefelminen (einer der Grubenbesitzer war übrigens Don Stefano Pirandello, der Vater des Dichters). Das Schwefelfieber *(febbre dello zolfo)*, wie es der Schriftsteller Vincenzo Consolo nennt, war ausgebrochen. Von Porto Empedocle, dem Hafen Agrigents, in dem eigens ein britischer Konsul residierte, wurde das gelbe Mineral, das für Schießpulver, Streichhölzer, Düngemittel, Stoff- und Papierbleichen, zum Ausschwefeln von Weinfässern und zum Schutz vor der Reblaus benötigt wurde, meist nach Marseille oder England verschifft. Sizilien lieferte zeitweilig bis zu fünfundneunzig Prozent des Weltschwefelbedarfs, eine monopolähnliche Stellung, die aber nicht für den Aufbau einer weiterverarbeitenden Industrie genutzt wurde. Die Insel blieb Rohstofflieferant. Die Arbeitsbedingungen waren frühindustriell, sklavenhaft. Selbst bei einem Besucher wie Guy de Maupassant, sonst eher sinnlichen Vergnügungen zugetan, erregten sie die spontane Empörung über soziale Zustände, die aus fast allen Reiseberichten seiner Zeit hervorbricht:

Am Ende des Tempelhügels von Agrigent beginnt ein merkwürdiger Landstrich, der wahrhaftig das Reich des Satans zu sein scheint; denn wenn der Teufel, wie man früher glaubte, in einem weiten unterirdischen Reich voller Schwefel wohnt, wo er die Verdammten siedet, dann ist es sicherlich Sizilien, wo er seine geheimnisvolle Werkstatt eingerichtet hat ...
Zunächst aber stößt man wenige Kilometer von der Stadt auf einen bizarren Hügel namens Maccaluba, der aus Ton und Kalk besteht und übersät ist mit kleinen, etwa zwei bis drei Fuß hohen kegelförmigen Erhebungen. Sie sehen wie Pusteln aus, wie eine monströse Krankheit der Natur; denn aus allen fließt ein heißer Schlamm – wie scheußlicher Eiter, der aus dem Erdinnern hervorquillt. Und sie

170

schleudern zuweilen Geröll in große Höhen empor und
grollen sonderbar, indem sie Gasströme ausstoßen. Grei-
nend scheinen sie sich zu beklagen, die schmutzigen,
schändlichen, aussätzigen, kleinen Vulkanbastarde, die
sich gebärden wie aufgebrochene Abszesse.

Dann besichtigen wir die Schwefelminen. Wir dringen in
bergiges Gebiet vor. Ein wahrhaft desolates Gebiet ist es,
elende Erde, wie fluchbeladen, verdammt von der Natur.
Grau, gelb, steinig und düster öffnen sich Talmulden vor
uns, die das Stigma der Gottverlassenheit in Armut und
Einsamkeit mit stolzem Trotz zu tragen scheinen.

Endlich sieht man da und dort einige häßliche, kleine,
sehr niedrige Gebäude. Das sind die Minen. Es gibt ihrer
mehr als tausend in diesem Teil des Landes ...

Über eine schmale Treppe mit hohen, unregelmäßigen
Stufen steigt man in Schächte hinab, die aus reinem
Schwefel ausgehöhlt sind. Die übereinanderliegenden
Schachtsohlen sind mit großen Löchern verbunden,
durch die von oben Luft nach unten dringt. Dennoch
glaubt man, unten angelangt, zu ersticken und schnappt
nach Luft infolge der Schwefeldämpfe, und der entsetzlichen, einen wie im Dampfbad anfallenden Hitze, die das
Herz klopfen macht und den Schweiß aus den Poren
treibt.

Von Zeit zu Zeit begegnet man einer mit Körben bela-
denen Kinderschar, welche die rohe Treppe erklimmt.
Die armen Kleinen keuchen und stöhnen unter ihrer
Last. Sie mögen zehn, zwölf Jahre alt sein und müssen
diese schreckliche Tour fünfzehnmal an einem einzigen
Tage leisten. Dafür bekommen sie jedesmal einen Sou.
Sie sind klein, mager, gelb, mit großen, glänzenden
Augen, feinen Gesichtern und schmalen Lippen, die ihre
Zähne sehen lassen, Zähne, so leuchtend wie ihre Blicke.
Diese empörende Ausbeutung von Kindern ist eines der
schmerzlichsten Dinge, die man sehen kann.

Der Sonnino-Franchetti-Bericht, der 1876 dem italienischen Parlament vorgelegt wurde, kann diese Darstellung mit Zahlen untermauern. Knaben (und manchmal auch Mädchen) ab fünf Jahren schufteten halbnackt täglich bis zu zehn Stunden unter der Erde als *carusi* (Schwefelschlepper) und hievten Brocken bis zu dreißig Kilogramm durch erstickend heiße Stollen an die Oberfläche, wo sie dann von den *picconieri* zerhackt und für die Schwefelgewinnung vorbereitet wurden.

Ungefähr zur gleichen Zeit dichtete der Sizilianer Alessio di Giovanni, ein Zeitgenosse Vergas, bittere Sonette auf das Elend der Schwefelgruben: *'Nfernu veru* – Eine wahre Hölle.

Dich will ich Grab nennen und nicht *zolfara*
Grab der Lebenden, der Lebenden
Hierher reicht nicht das pulsende Meer,
Nicht der Mandelbaum, kaum die Olive.

Die schöne Sonne zwar scheint wie immer
Beim Untergehen mit späten Strahlen.
Schafe gibt es nicht, aber das Bellen
Der Hunde, das Klagen der Hirtenbälge.

Herum, herum einsame Berge,
Erstickende Täler, dunkle Saaten,
Hügel von Erdmassen und Schwefelschlacke verschüttet.

Ein Schweigen, das aus Angst gemacht ist ...
Und der Ginster, über diesen Erden
Schießt in seiner gelben Farbe.

Auch an Luigi Pirandello ist das Elend des Schwefels, die Zerstörung von Mensch und Natur, nicht spurlos vorübergegangen. Fast wäre der spätere Nobelpreisträger ja in den väterlichen Betrieb eingetreten: Nach seiner Reifeprüfung jobbte er jedenfalls erst einmal im Familienbergwerk an der Schwefelwaage. Sulphurische Anspielungen sind über sein ganzes Werk verteilt, doch am deutlichsten manifestiert sich die durch den Schwefel geschundene Kreatur in der Novelle »Der Rauch«, die von der geplanten Umwidmung von Ackerland in Schwefelgruben handelt:

Kaum kamen die Schwefelarbeiter, keuchend und todmüde, aus der Tiefe ihres »Lochs« nach oben, so war das erste, was ihre Augen suchten, das Grün des fernen Hügels, der im Westen das weite Tal abschloß.
Auf dieser Seite sah man nichts als dürre, von dunklem Tuffstein gefleckte, von den Schwefelgruben wie von lauter riesigen Ameisenhaufen durchlöcherte und vom Rauch verbrannte Hänge, auf denen seit langem kein Grashalm mehr wuchs.
Auf dem Grün jenes Hügels aber ruhten die entzündeten Augen aus, wenn das Licht nach all den Stunden in der Finsternis drunten schmerzte.
All denen, die die Brennöfen mit Rohmineral zu füllen hatten, die das Schmelzen des Schwefels überwachten oder unter den Öfen selbst damit beschäftigt waren, den verbrannten Schwefel aufzufangen, der langsam und zäh wie dicke schwärzliche Ölhefe in die Formen lief, linderte der Anblick des fernen Grüns auch die Atemnot, die Beschwerde des beißenden Rauchs, der sich in der Kehle festsetzte und zu den grausamsten Krämpfen und Erstickungsanfällen führen konnte.
Die Trägerjungen (*carusi*) warfen die Last von den zerschundenen Schultern, setzten sich auf die Säcke, um ein wenig Atem zu holen, über und über beschmutzt von dem tonhaltigen Grundwasser, das in den Schächten stand und die glitschige, zerbröckelte Treppe des »Lochs« hinabrann; sie kratzten sich den Kopf, und über den glasigen Schwefeldampf hinweg, der, aus den entzündeten Brennöfen aufsteigend, in der Sonne zitterte,

schauten sie nach jenem Hügel hin und dachten an das Leben auf dem Land, das für sie ein fröhliches Leben in freier Luft, im Sonnenschein, ohne Gefahr und ohne schwere Mühe war, und beneideten die Bauern.

»Die waren glücklich!«

Kurz, der ferne Hügel war für sie alle so etwas wie ein Traumland. Von dort kam das Öl für ihre Lampen, die nur mühsam die dichte Finsternis der Grube erhellten; von dort das Brot, jenes kernige, schwarze Brot, das sie den ganzen Tag lang der viehischen Anstrengung widerstehen ließ; von dort der Wein, ihre einzige Erholung am Abend, der Wein, der ihnen Mut und Kraft gab, jenes verfluchte Leben auszuhalten, wenn man es überhaupt Leben nennen konnte, was sie da drunten unter der Erde wie lauter geschäftige Tote führten.

Es sollte noch schlimmer kommen. 1904 wurde in Lousiana ein neues Dampfverfahren entwickelt, das den Abbau von Schwefel nicht nur in größeren Tiefen ermöglichte, sondern auch den Weltmarktpreis fallen ließ. Die sizilianischen Gruben konnten nur um den Preis rücksichtslosester Ausbeutung menschlicher Arbeitskraft überleben, an eine Modernisierung oder auch nur Einführung so simpler Schutzvorrichtungen wie Grubenlampen war nicht zu denken. Die Teilnehmer der Fasci-Aufstände, die 1893/4 niedergeknüppelt wurden, waren zu einem Großteil verzweifelte, halbverhungerte Schwefelarbeiter. Und viele unter Hunderttausenden von Auswanderern, die die Insel um die Jahrhundertwende verließen, ebenfalls. Bis der Faschismus die Emigration verbot und eine Art Zwangsbindung der korporativen Arbeiterschaft an ihren Arbeitsplatz einführte, ohne in Süditalien die soziale Lage ernstlich zu mildern. Während des nach dem Abessinienkrieg 1936 international isolierten und von Wirtschaftsembargos betroffenen Regimes wurde der Schwefelbergbau noch für die nationale Versorgung gebraucht und auf vorsintflutliche Weise fortgeführt; nach dem Zweiten Weltkrieg hatte sich an den Arbeitsbedingungen nichts geändert, nur der Schwefelpreis fiel weiter. Carlo Levi, Turiner Arzt, Maler und Schriftsteller, der infolge der faschistischen Konfinierung in die Basilikata das archaisch-ländliche Süditalien erlebte und mit *Christus kam nur bis Eboli* das Kultbuch über den Mezzogiorno vorlegte, hat in den 50er Jahren auch Sizilien bereist. Dabei fuhr der sozial engagierte Autor zu den streikenden Schwefelarbeitern von Lercara Friddi:

... am 18. Juni wurde der Grubenarbeiter Michele Felice, ein sechzehnjähriger »Caruso«, von einem Felsblock zermalmt, der aus der Stollendecke fiel. Dergleichen ereignete sich öfters. Schon dem Vater des Toten war bei einem Erdsturz in der Schwefelgrube ein Bein zerquetscht worden. Ein Teil des Lohnes wurde zurückbehalten, da der Tote sein Tagewerk nicht vollendet hatte; und den fünfhundert Bergleuten wurde die eine Stunde vom Lohn abgezogen, während derer sie die Arbeit unterbrochen hatten, um den Verunglückten von dem Stein zu befreien und ihn aus dem tiefen Schacht ans Licht zu tragen. Hier wurde der angeborene Gerechtigkeitssinn getroffen, die jahrhundertealte Verzweiflung fand in diesem Vorfall ein sichtbares Symbol, und so begann der Streik ...

Ob die Streikenden durchhielten oder wie meistens aus Hunger aufgeben mußten, ihre Zeit war sowieso zu Ende. In den 50er Jahren wurde endgültig klar, daß die sizilianische Schwefelproduktion auch bei rücksichtslosester Ausbeutung menschlicher Arbeitskraft am Ende war. Als die Gruben schlossen, wurden Hunderttausende arbeitslos. Aus den Streikenden Levis wurde die erste Generation sizilianischer Gastarbeiter in Deutschland.

Tour

Verrostende Straßenschilder zwischen Caltanissetta weisen Feldwege zu der einen oder anderen verfallenden *miniera*. Meist ist das Terrain wegen Unfallgefahr abgesperrt: Der Anblick halb zusammengestürzter Schuppen und durchwühlten gelblichen Erdreichs ist nur für den Montanfachmann oder neorealistische Melancholiker reizvoll. Nur spärliche Informationen zu dieser archaischen Industrie liefert das Schwefelmuseum von Caltanissetta, Anhängsel der Bergbauakademie: Spurensucher können den Schwefel in Caltanissetta noch anderweitig wittern. So nannte die Provinzhauptstadt mit den vielen dunkelgekleideten Männern bis in die 60er Jahre eine der besten Fußballmannschaften Italiens ihr eigen – wie es sich im Kumpelmilieu gehört. Und noch heute finanzieren die einstigen Schwefelgrubenbesitzer bei der berühmten Gründonnerstagprozession zwei verschwenderische *Carri* mit der Darstellung der *Condanna* (Verurteilung) und der *Flagellazione* (Geißelung). Caltanissetta kennen heute viele Italiener als die Produktionsstätte eines bitteren Likörs, des Amaro Averna: Unweit der *distilleria* ist eine Siedlung nicht ohne Grund Villaggio S. Barbara getauft. Die Nothelferin und Patronin der Bergleute war in Sizilien mehr als ausgelastet.

Ganz hat auch der Verdienst mit dem Schwefel noch nicht aufgehört. Auf der liparischen Insel Vulcano locken Fangoschwefelbäder Heilung suchende Badegäste ins Reich des Schwefelgottes.

Den Schlaf wollen die Sizilianer

Kultur des Todes

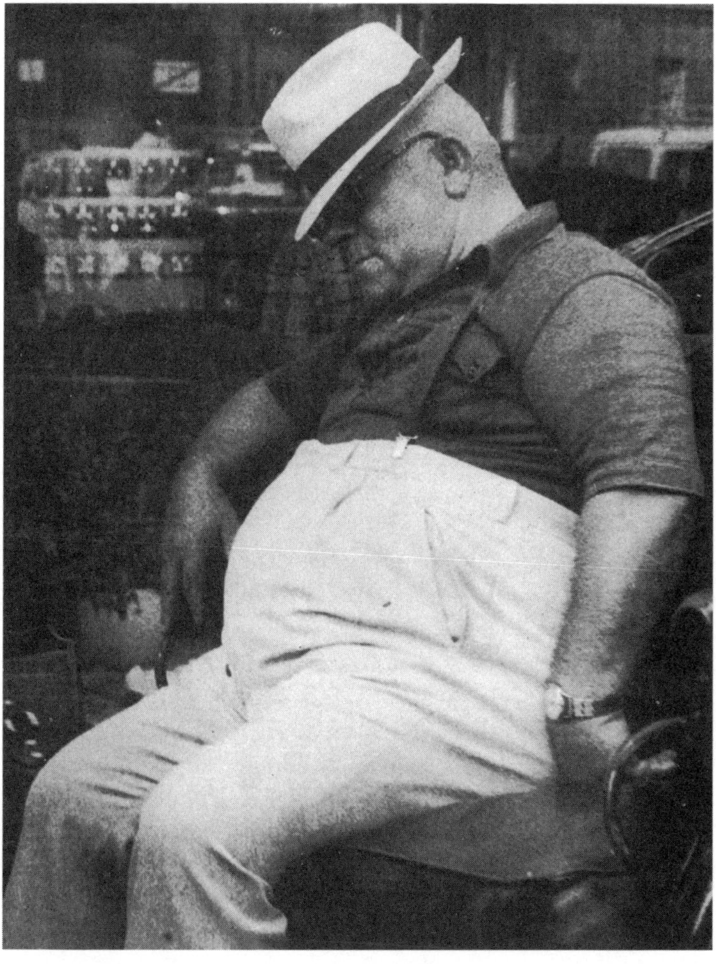

Den Schlaf wollen die Sizilianer – Die Kapuzinerkatakomben in Palermo – Axel Munthe und das Erdbeben von Messina – Triumph des Todes – *Vitti 'na crozza* – An Platens Grab

——————— *La morte, la muerte*, der Tod. Und sein Abbild, der Schlaf, das Vergessen, der *Immobilismo*. Die Nähe, ja die Sucht der Sizilianer zu diesen Brüdern sind ein Dauermotiv, ein Topos des Sizilienbildes, das auch von den sizilianischen Schriftstellern gepflegt wird. Einer wie Giovanni Falcone, der ein Leben im Angesicht des Todes geführt hat, muß es wissen:

> Die Kultur des Todes ist kein ausschließliches Phänomen der Mafia. Ganz Sizilien ist davon geprägt. Allerseelen ist bei uns ein großes, fröhliches Fest: Man schenkt sich die sogenannten Totenköpfe, ein Gebäck aus steinhartem Zucker. Die Themen unserer Literatur von Pirandello bis Sciascia sind Einsamkeit, Pessimismus und Tod.

Über die Gründe kann man nur spekulieren. Von spanischer Jenseitsfrömmigkeit bis hin zum barocken Memento mori, von der Reliquienverehrung bis hin zu den Mafiamorden, vom chthonischen Vegetationskult bis hin zur Ahnenverehrung, vom Schlaf der Aufklärung bis hin zur müden Resignation, die aus mediterraner Weisheit entspringen kann. Tomasi di Lampedusa hat all diese Motive jedenfalls in ein ebenso leidenschaftliches wie defätistisches Sizilienbild gegossen:

> Den Schlaf, lieber Chevalley, den Schlaf wollen die Sizilianer, und sie werden immer den hassen, der sie wecken will … Alle Offenbarungen des sizilianischen Wesens kommen aus krankhafter Träumerei, auch die heftigsten: unsere Sinnlichkeit ist Sehnsucht nach Vergessen; unsere Flintenschüsse und Messerstiche Sehnsucht nach Tod;

178

eine Sehnsucht nach wollüstiger Unbeweglichkeit – das heißt: wieder nach Tod – sind unsere Trägheit und auch unsere Eisgetränke; unsere grüblerische Art richtet sich auf das Nichts ...

Aber auch Fremde haben diese Wahlverwandtschaft immer wieder propagiert. Das könnte allerdings auch ganz schnöde an einem touristischen Programmpunkt liegen. Für gewöhnlich kam man wie Goethe zu Schiff in Palermo an und wurde in der ersten sizilianischen Stadt mit einer Eindringlichkeit mit Toten und Gebeinen konfrontiert, die nicht ihresgleichen hat: Die berüchtigten Kapuzinerkatakomben waren seit dem 17. Jahrhundert bis kurz nach 1880 in Gebrauch. Noch damals stiegen die feinen Palermitaner an Festtagen hinunter, um mit ihren mumifizierten Familienangehörigen *alla barocca* zu schmausen. Keine schlechte Gesellschaft, galt doch das Nichtverwesen als fast heiligmäßig und zumindest als hoffnungsvolles Abbild der leiblichen Auferstehung des Fleisches. Für eine spanisch-katholisch geprägte Gesellschaft, in der der Totenschädel – echt oder aus kostbaren Materialien – ein wichtiges Meditationsutensil war, oder wo man statt Rocaillestuck auch einmal Menschenknochen applizierte, war der Umgang mit dem Tod nicht ohne Schrecken, aber vertraut. Eine Frage christlicher Disziplin sozusagen.

Einen Kulturschock hingegen löst die makabre Zurschaustellung bei nordeuropäischen Reisenden ohne klerikale Sozialisation aus. Maupassant, Pariser Elegant, hat sein Entsetzen eindrucksvoll beschrieben.

Wir gehen durch eine kleine, armselige Kapelle und dann eine breite steinerne Treppe hinunter. Und plötzlich sehe ich vor uns ein riesenhaft breites und hohes Gewölbe, an dessen Wänden ganze Völkerschaften bizarr und grotesk bekleideter Skelette hängen oder liegen. Die einen hängen Seite an Seite in der Luft, andere liegen auf einer von fünf Steinplatten, die vom Fußboden bis unter die Decke übereinander angebracht sind. Eine Reihe Toter steht aufrecht auf dem Boden, dicht an dicht, und es hat den Anschein, als redeten die gräßliche Häupter miteinander. Die einen sind von scheußlichen Gewächsen zerfressen, die ihre Kieferpartien und Gebeine noch ärger entstellen, die anderen haben noch ihre Haare, andere wieder ein Schnurrbartende oder eine Strähne des einstigen Vollbarts.

Und sie sind angezogen, diese Toten, diese armen scheußlichen und dabei lächerlichen Toten – angezogen von ihren Angehörigen, die sie aus dem Sarg gezerrt haben, um ihnen in dieser Versammlung des Schreckens einen Ehrenplatz einzuräumen. Fast alle tragen sie eine Art schwarze Robe, deren Kapuze bei manchen über den Kopf gezogen ist. Aber es sind auch welche darunter, die man offensichtlich luxuriöser ausstaffieren wollte, und so ein elendes Gerippe trägt eine bortenbestickte griechische Mütze auf dem Kopf und ist in den üppigen Schlafrock eines reichen Rentners gehüllt – so liegt es auf dem Rücken da vor mir und scheint einen zugleich schrecklichen und komischen Schlaf zu schlafen.

Um den Hals tragen sie eine Art Blindentafel mit ihrem Namen und Todestag. Diese Daten lassen einen bis in die Knochen erschauern: 1880, 1881, 1882 ...

Auch wer nicht in die Katakomben steigt – den Totenschädeln entgeht niemand, der auf Sizilien reist oder sich auch nur die erste Szene in Giuseppe Tornatores Film *Der Mann, der die Sterne macht* (1994) ansieht: *Vitti 'na crozza*, das Lied der Garibaldini, ist fast zu einer sizilianischen Nationalhymne geworden:

Ich sah einen Schädel auf einer Kanone – ich war neugierig und wollte ihn befragen – er antwortete mir in

großem Schmerz – Sterben ohne Glockenklang – Tralla-
leru lalleru lalleru ... – Meine Jahre sind dahingegangen
und ich weiß nicht wohin – und jetzt da es achtzig sind –
ruft der Lebende den Toten, der keine Antwort gibt –
Tralla-leru ... – Macht mir macht mir das Bett zurecht –
da ich von Würmern ganz zerfressen bin – und wenn ich
meine Sünden hier nicht abbüße – büße ich sie im anderen Leben mit gebrochenem Blut – Tralla-leru ...

Der Tod konnte, kann plötzlich kommen in Sizilien. Gar
nicht so sehr durch eine Flintenkugel oder einen Messerstich,
sondern durch eine der biblischen Plagen Siziliens: Erdbeben. Sechzigtausend starben allein in Messina am 28. 12.
1908, über neunzig Prozent zerstörte Häuser, dazu Hunger
und Plünderer. Axel Munthe, schwedischer High-Society-
Arzt, der unter den ersten Helfern im Inferno von Messina
war, erinnert sich in dem *Buch von S. Michele* an das Grauen:

Ich weiß noch, daß ich allein eine alte Frau aus den
Trümmern ihrer Küche trug, aber ich weiß auch, daß ich
sie, um Hilfe schreiend, mit zwei gebrochenen Beinen auf
der Straße liegen ließ. Es blieb mir tatsächlich nichts
anderes übrig; bis zur Ankunft des ersten Hospitalschiffes
war kein Verbandzeug und keinerlei Medizin zu beschaffen. Da war auch ein nacktes Baby, das ich abends spät in
einem Hof gefunden hatte und in meinen Keller mit-
nahm, wo es in meinen Mantel gehüllt die Nacht hin-
durch friedlich schlummerte und ab und zu im Schlaf an
meinem Daumen lutschte. Am Morgen brachte ich es
den Nonnen in ihre eingestürzte Kapelle zur Heiligen
Theresia. Dort lagen schon über ein Dutzend kleiner
Kinder auf dem Boden und schrien vor Hunger, denn in
dieser ganzen Woche war in Messina kein Tropfen Milch
zu bekommen. Ich wunderte mich oft, wieviel Kinder
unverletzt aus den Trümmern hervorgezogen oder auf

der Straße gefunden wurden. Fast schien es, als hätte der allmächtige Gott ihnen ein wenig mehr Erbarmen erwiesen als den Erwachsenen. Da der Aquädukt eingestürzt war, gab es auch kein Wasser, außer in einigen stinkenden Brunnen, die durch Tausende verwester Leichen verpestet waren. Kein Brot, kein Fleisch, kaum Makkaroni, kein Gemüse, keinen Fisch, denn die meisten Fischerboote waren gesunken oder wurden zertrümmert, als die Flutwelle hereinbrach und über tausend Menschen davontrug, die Schutz suchend am Ufer kauerten. Hunderte wurden wieder ans Land gespült, wo sie in der Sonne verwesten.

Erdbebendaten – eine Chronik des Schreckens. 1968 sank das Belicetal in Trümmer. 1693 ganz Ostsizilien, genau 53 757 Todesopfer ermittelte die vizekönigliche Statistik. Aber manchmal gelang es auch, dem Tod ein Schnippchen zu schlagen. 1783 überlebten in Messina viele Menschen, die wegen einer Prozession auf den Balkons ihrer wohlgemauerten Fassaden standen, während die Palazzi zusammenstürzten. Und manchmal wurde sogar ein Wolf zum Schutzengel: Gelon, der spätere Tyrann von Syrakus, so berichtet die antike Anekdotik, setzte als Kind beherzt einem Wolf nach, der seine Schiefertafel aus dem Klassenzimmer geraubt hatte. Sein Glück, so verpaßte er das Erdbeben, das alle Mitschüler im Klassenraum erschlug.

Der Tod ist ein großer Herr. Er will gefeiert sein. Er wird gefeiert. In den prunkvollen Leichenbegängnissen, in den an den Haustüren klebenden Trauerzetteln, in den Friedhöfen, den prunkvollen Nekropolen Siziliens. Doch sein größter öffentlicher Triumph, auch wenn er regelmäßig mit einer Niederlage endet, ist die Karwoche, die *Settimana santa*. Dann wird mit spanischem Prunk der Leichnam Christi im vergoldeten Glassarkophag durch die nächtlichen Städte getragen, dann schluchzen die Blechinstrumente der örtlichen *bande musicali*, wenn man einen Laiendarsteller ans Kreuz schlägt, dann marschieren kleine Schulmädchen in Lackschuhen und Nonnenhabit für den institutionalisierten Schmerz der Passion und hoffen auf das Osterwunder.

Tour

Die Kapuzinerkatakomben, etwas außerhalb rechts des nach Monreale führenden Corso Calatafimi gelegen, sind gegen eine Spende öffentlich zugänglich. Der Pomp sizilianischer – mit der gebotenen Zurückhaltung besuchten – Friedhöfe kann einen eindrucksvollen Kontrast zu den oft schmucklosen Häusern der auf Erden Weilenden ergeben. Der süßeste Tod in Sizilien ist der überwucherte Barockputto mit Totenschädel auf dem Klosterbrunnen im Hofe des Archäologischen Nationalmuseums von Palermo.

Die furchtbaren Erdbeben haben – das Leben muß weitergehen – immer wieder zu menschlichem und architektonischem Neuanfang geführt: Die herrlichen sizilianischen Barockstädte der Provinz Ragusa, oft Kilometer von ihrer alten Lage entfernt, das großzügige Jugendstilensemble Messinas oder Gibellina im Belicetal, urbanistisches Experiment einer modernen Retortenstadt, künden vom Überlebenswillen der Geschlagenen.

Die Osterprozessionen sind eine eigene Reise wert. Die berühmteste ist die Karfreitagnachtprozession in Trapani, doch oft sind die kleineren Umzüge in kalten, herben Bergstädtchen ergreifender.

Manche suchen auch ein deutsches Grab in Sizilien. August Graf von Platen-Hallermünde starb vereinsamt im Winter 1835 in Syrakus an heftigem Fieber und ist im Garten der Villa Landolina, in den heute das Archäologische Museum gebaut ist, beigesetzt. Vielleicht kommt einem hier sein »Tristan«, das schönste deutsche Weltschmerzgedicht, in den Sinn:

Wer die Schönheit hat geschaut mit Augen
Ist dem Tode schon anheimgegeben
Wird zu keinem Dienst der Erde taugen
Und doch wird er vor dem Tode beben
Wer die Schönheit hat geschaut mit Augen ...

Cassata und Granita

Der Siegeszug des Eises

Vom Ätna nach Paris – Das Café *Procope* – Chinesische Eisbuden und Schneekarawanen – Monarchensorbet und Volksnahrungsmittel – Eisrevolten und Eisesserinnen

_____ Das *Procope* in der Rue de l'Ancienne Comédie, Quartier Saint-Germain, das sich nicht unumstritten *le plus ancien café du monde* nennt, ist seit 1686 eine Pariser Institution. Wer Rang und Namen im französischen Geistesleben und der Politik hatte, ist hier eingekehrt: Voltaire, La Fontaine, Rousseau, Balzac, Verlaine und Hugo schrieben hier oder erholten sich vom Schreiben, Diderot diskutierte mit d'Alembert über die Enzyklopädie, Robespierre, Danton und Marat planten die Revolution, und Napoleon versetzte als kleiner Leutnant seinen Hut. Doch unsterblicher als die Größen des Pantheons erwies sich ein exotisches Produkt, das über *Procope* und Paris seinen Siegeszug durch die feine europäische Küche antrat. Das Speiseeis.

Für den Gründer des Kaffeehauses war es eigentlich nichts Besonderes. Denn Procopio de' Cultelli war Sizilianer, seine Familie stammte aus Acitrezza am Fuß des Ätna, wo man seit der Araberzeit gewohnt war, Fruchtsäfte oder Mandelcremes in Ätnaschnee abzukühlen und dadurch erfrischende *Granita*, Sorbets oder *Gelato* zu gewinnen; bis in den Sommer hinein konnte man in den sogenannten *neviere*, abgedeckten Bergspalten oder eigens gegrabenen Gruben, den Schnee frisch halten. Über hundert verschiedene Eiskreationen soll der erfolgreiche Emigrant (»der Eiskönig von Paris«) in seinem Eistempel der Pariser Öffentlichkeit kredenzt haben, bevor er seine besten Rezepte für klingende Münze an die Küche des Herzogs von Chartreuse verkaufte.

Majestäten durften schon früher schlecken. Als Katharina von Medici 1533 in Florenz Heinrich II. von Frankreich heiratete, ersann ihr sizilianischer Eismacher Buentalentis ein

Tris aus Himbeer-, Orangen- und Zitronensorbet – seine exklusive Stellung am Pariser Hofe als *limonadier* war damit gemacht. Auch Karl I. von England erkaufte die kulinarische Verschwiegenheit seines Leibkochs Gérard Tissain, der eine legendäre *Glace Napolitaine* zu fabrizieren wußte, mit fürstlicher Entlohnung. Und in Wien kam 1602 eine Saison lang auch die zahlungswillige Öffentlichkeit in den Genuß einer Apfelsinengranita, der *Aqua Bensari*, die ein gewisser Bartolo Bensari aus Sizilien anbot.

Die Sizilianer haben – lange vor den wandernden Eismachern des Trentino und oberen Veneto – das Speiseeis in Europa publik gemacht, aber sie haben es nicht erfunden. Am Anfang der Kühlkette steht China mit jahrtausendealter Tradition der »Eisernte«. Marco Polo hat während seines Aufenthaltes in Quinsai regelrechte Eisbuden gesehen. Auch die Antike schätzte das Eis, der Dichter Simonides füllte es in seinen Weinbecher, Hippokrates lobte seine belebende Wirkung, und Alexander der Große erquickte seine Makedonen bei den Mühsalen des Indienfeldzuges mit Eisgekühltem aus einer riesigen Schneegrube. Bei den Römern schieden sich die Geister: Während Seneca gegen den »naturwidrigen Luxus« wetterte, ließ es Nero im Sommer von Stafetten angeblich bis aus den Alpen herbeischaffen. Und der Sonnenpriester und Knabenkaiser Heliogabal war nicht der einzige, der sich Tafelgerät aus Gletschereis schnitzen ließ. Für die arabische Kultur, aus der das eingedeutschte Wort Scherbett stammt, war Eis ein selbstverständlicher Bestandteil verfeinerten Lebensstils. Wüstenpaläste wurden mit Eisladungen kühl gehalten und im fatimidischen Kairo des 11. Jahrhunderts traf täglich eine Karawane von vierzehn Kamelen mit syrischem Schnee ein.

Die Eisleidenschaft Siziliens ist ein Bestandteil seiner arabischen Kulturprägung. Die legendäre Cassata, eine halbgeeiste Quarkcremetorte mit grellen kandierten Früchten, soll von einem arabischen Hofkonditor des Normannenkönigs

Roger kreiert worden sein. Zur wahren Eismetropole aber wurde Catania unter dem Ätna, besonders als man dort im 16. Jahrhundert begann, die Entdeckung, daß die Beigabe von Salpeter die Wassertemperatur herabsetzt, zur Konservierung und teilweise künstlichen Herstellung von Eis zu nutzen. Damit blieb Eis nicht nur auf die Tafeln der Reichen beschränkt. Schon Patrick Brydone, dem Pionier des Sizilientourismus, war um 1770 der ungeheure Eiskonsum der Einheimischen aufgefallen:

Selbst die Bauern in diesen heissen Gegenden traktiren sich während der Sommerhitze mit Eis, und bei dem Adel macht es einem vornehmen Theil von jedem Gastmale aus. Eine Schneehungersnoth würde ihnen, wie sie selbst sagen, noch empfindlicher fallen, als Mangel an Getraide oder Wein. Es ist eine Bemerkung unter ihnen, die ich oft habe machen hören, daß ihre Insel ohne den Schnee des Berges Etna nicht bewohnt werden könnte; so nothwendig ist ihnen dies Stück der Schwelgerei geworden.

Und Johann Heinrich Bartels knüpfte 1786 in seinen »Briefen über Kalabrien und Sizilien« an dieses »Volksnahrungsmittel« interessante medizinsoziologische Betrachtungen über Revolutionen, die fast etwas an die legendäre bayerische Aufsässigkeit bei Bierpreiserhöhungen denken lassen:

Man hat Beispiele, daß die größte Noth in Sizilien durch Schneemangel entstanden ist, das Volk verzehrt von innrer Hitze den heftigsten Tumult erregte, und ungeachtet aller ihm entgegen gesetzten Gewalt nicht eher ruhte, als bis dem Mangel abgeholfen war. So ist z. B. das Jahr 1777 für Sirakus [sic!] merkwürdig. Das Volk war wegen einer Schneehungersnoth im vollen Aufruhr, wie grade ein Schiff mit Eis und Schnee vorbeifuhr, um Malta zu verproviantiren; man eilte sogleich mit Ungestüm hinaus, brachte das Schiff auf, und raubte, was der Stadt schon lange fehlte.

Eis, in Sizilien seit jeher unverzichtbar. Kasimir Edschmid, der in *Das Südreich* Sizilien 1933 aus der Sicht eines deutschen Herrenmenschen beschrieb, hat neben Unverdaulichem eine interessante Beobachtung über Eisesserinnen notiert. Ihm fiel auf, daß es an der Marina des »Asiatischen Palermo«, »dem Hauptkorso der Halbmillionen- und Männerstadt« nur ein einziges öffentliches Café gab.

Das kleine Café, in dem es keinen Kaffee sondern nur Eis gab, bestand nämlich nur aus einer kleinen Küche, die in den Steinunterbau eines hohen Palastes wie eine Höhle eingebohrt war. Es lag vierzig Meter von dem Korso entfernt zurück. Und es standen nicht mehr als ein Dutzend Tische davor. Aber auf den Stühlen an den Tischen saß fast kein Mensch.
Jedoch von Zeit zu Zeit hielt auf dem Korso eine Droschke oder auch hin und wieder ein seltenes elegantes Auto. Niemand rührte sich in dem Wagen und niemand stieg aus. Der Kellner des Cafés aber stürzte dann jedesmal die vierzig Meter nach vorn an den Korso und trug eine Schale mit Eis an den Wagen. Dann rannte er wieder zurück und stellte einen kleinen Tisch mit einem Glas Wasser darauf neben den Wagen ... und dann aßen die Damen, die in dem Wagen saßen, ohne auszusteigen, langsam ihr Eis. Dann zahlten sie. Der Wagen fuhr weiter.

Eisessen sozusagen als öffentliches Recht, das, mit den Einschränkungen der Schicklichkeit, niemandem versagt werden konnte. Doch lassen wir zum Schluß eine Eisesserin selbst zu Worte kommen: Dacia Maraini, die im Eisparadies Sizilien aufwuchs.

Auch heute noch wird in Bagheria vorzügliches Eis hergestellt: kleine Schokoladenblumen, gefüllt mit aromatischer, weicher Eiskrem aus Jasmin, Minze, Erdbeeren, Kokosnuß. Ganz zu schweigen vom traditionsreichen »Meloneneis«, das nicht wirklich Eiskrem ist, wie man meinen möchte, sondern ein korallenrotes Gelee aus Wassermelone, das mit Schokoladensplittern durchsetzt ist. Und was soll ich erst sagen vom »gelato di campagna«, einer Art gefrorenem Zucker-Torrone in zarten Farben, in dem sich köstlich der Geschmack von Pistazien mit dem von Mandeln und Vanille vermischt!

Tour

Wer die sizilianische Eismacherkunst würdigen will, sollte die *pezzi duri,* die Eisbomben oder Mandelparfaits aus den Kühlvitrinen wählen. Denn hierin sind – anders als beim oft simplen Tüteneis – die Eiskünstler der Insel noch immer unerreicht. Auch die französische Unterscheidung zwischen *sorbet* und *glace* geht auf sizilianische Usancen zurück. Die *granita (sorbetto)* ist ein halbflüssiges Wassereis, das als Erfrischung gereicht wird, meist mit Limonensaft oder Kaffeegeschmack, ausgefallener auch einmal mit *more* (Maulbeeren) oder aus frischer Erdbeermousse. In der Provinz Messina, wo die Granita am besten ist, bildet sie im Sommer, zusammen mit einer Brioche, das typische Frühstück. Das sizilianische *gelato* hingegen war traditionell kein Frucht-, sondern Mandel-, Krokant-, Schokoladeneis oder ähnliches. Daneben gibt es die *semifreddi,* »halbgefrorene« Cremes oder Cremetorten wie die mit Schafsquark gefüllte *cassata.* Gerade letztere sind der eigentliche Stolz der sizilianischen *gelaterie:* Besonders zu empfehlen sind die Eiskreationen der catanesischen *Gran Caffés* auf der Via Etnea und die Gelateria Costanzo in Noto, die unvergleichliches Mandarinenparfait und Jasminblüteneis nach arabischen Rezepten produziert.

Natürlich im Winter

Taormina in der Belle Époque

![Taormina, Statue mit Blick auf die Küste und den Ätna]

Taormina, eine preußische Erfindung – Geleng und *Il Kaiser* – D. H. Lawrence, der Künstler als Faun – Immoralisten und Moralapostel – Knabenbilder, mäßig verlockend – Tanz unter dem Vulkan

190

——————— Es begann 1863 in Paris mit einer Wette. Der Berliner Landschaftsmaler Otto Geleng (1843–1939) hatte an der Seine Bilder von Ätnaschnee und Mandelblüte ausgestellt, die seine Freunde schlicht für erfunden hielten. Daraufhin lud er sie 1864 nach Taormina mit dem Versprechen, die Kosten zu tragen, wenn sie der verheißenen Landschaften nicht ansichtig würden. Geleng reiste als Quartiermacher voraus und überredete den Besitzer der Villa La Floresta beim Griechischen Theater, doch das erste Hotel von Taormina zu eröffnen. Auch einen Namen hatte er sich bereits ausgedacht: *Timeo*, nach dem langlebigen antiken Historiographen Timaios von Tauromenion (ca. 350–250 v. Chr.), dessen Geschichte Magna Graecias nur in dürftigen Fragmenten erhalten blieb.

Geleng war nicht der erste Maler, der den Reiz des Bergstädtchens entdeckte. Kaum eine sizilianische Ansicht ist von den Künstlern des 19. Jahrhunderts, die Italien auf der Suche nach Veduten durchstreiften, so oft gemalt worden wie das *Teatro Greco* von Taormina, durch dessen zerbrochene *Skené* der bis in den Frühsommer schneebedeckte Ätna schimmert. Doch durch Gelengs Aktion begann die touristische Fortüne Taorminas. Saubere Treppenwege, mittelalterliche Häuser, Terrassengärten mit Oleander und Opuntien, der Corso zum Flanieren, Volkstypen und atemberaubender Meer- und Vulkanblick, der sich doch mit der Gemächlichkeit eines Kurorts genießen ließ, lockten das bessere Publikum in Scharen. Allen voran Wilhelm II., *il Kaiser*, den Geleng, inzwischen Mallehrer des Kronprinzen, auf den Geschmack gebracht hatte. Der Hohenzoller fühlte sich auf einst staufischem Terrain

1896, 1904 und 1905 fast zu Hause und vernachlässigte auch im Urlaub das Militärische nicht. Wie lokale Ciceronetradition zu vermelden weiß, lieferte ihm der Besuch des antiken Castello Eurialo in Syrakus wertvolle Anregungen, wie die Maginotlinie zu knacken sei. Er blieb nicht der einzige Taorminakaiser. Bald zogen seine indischen Vettern, als Könige von England Edward VII. und George V. genannt, nach.

Um die Jahrhundertwende hatte das ruhige Taormina mit seinen Luxushotels wie dem besagten *Timeo* und dem ehemaligen Kloster *S. Domenico* zu anderen Steilküsten-Destinationen wie Sorrent oder Capri aufgeschlossen. Sogar ein Direktzug London–Paris–Taormina (mit Kurswagen Berlin) wurde eingesetzt. Hier verbrachte man den milden Winter, hier trafen sich Geld und Geist, Macht und Adel, Kunst und Zaungäste in einem kosmopolitischen Milieu, dem das Einheimische meist nur als pittoreske Staffage diente.

Wenige rührte die Insel im Innersten auf. D. H. Lawrence war einer der englischen Dichter, die an ihrer puritanischen Heimat so litten, daß sie sich nur auf Südreisen verwirklichen konnten. Das Ende des Ersten Weltkrieges bedeutete für den lungenkranken Bergarbeitersohn und seine quirlige deutsche Ehefrau Frieda von Richthofen-Weekley lang ersehnte Reisefreiheit. Nach einem Capri-Aufenthalt – die von Norman Douglas regierte Insel war ihm zu seicht-gesellschaftlich – kam er 1920 nach Taormina und mietete sofort die Villa Fontana Vecchia nördlich des Ortes für ein Jahr. Das vulkanische Element, die bäuerlich-unverbildete sikulische Natürlichkeit (ein Pendant zu Lawrence' Etruskerschwärmerei) jenseits aller fremden aufgepfropften Eroberkulturen brachten verwandte Saiten in der Seele des Dichters zum Klingen, der für ein Ideal entkrampfter, lebensbejahender und schöpferischer Sexualität stritt: Unser Körper ist intelligenter als unser Intellekt! Lawrence' sizilianisches Vermächtnis ist die Kurzgeschichte »Sun«: Juliet, eine kränkelnde, introvertierte New Yorker Mutter und Gattin, fährt zur Kur nach Sizilien und wird dadurch, daß sie ihren nackten Körper der Sonne und Natur aussetzt, zu einer sicheren, in sich ruhenden und der Männerwelt überlegenen Frau.

Dann kam wieder ein Morgen, an dem die Sonne wie flüssiges Metall funkelnd und nackt aus dem Meer aufstieg. Das Haus blickte nach Südosten, und Juliet lag im Bett und beobachtete den Sonnenaufgang. Ihr war, als hätte sie noch nie die Sonne aufgehen sehen. Noch nie hatte sie gesehen, daß die Sonne nackt und rein über dem Meereshorizont stand und die Nacht wie Wasser von sich abschüttelte. Wie rund und nackt sie war! Und sie wollte zu ihr gehen.

Der heimliche Wunsch sprang in ihr auf, nackt in die Sonne zu gehen. Sie hegte ihren Wunsch wie ein Geheimnis. Sie wollte sich mit der Sonne vereinigen. Doch sie wollte vom Haus weggehen – weg von den Menschen. Und es ist nicht leicht, sich in einem Land, wo jeder Olivenbaum Augen hat und jeder Abhang weithin sichtbar ist, zu verstecken und sich mit der Sonne zu vermählen.

Sie fand jedoch eine Stelle: eine felsige Klippe, die sich über dem Meer in die Sonne vorschob und mit hohen Kakteen bewachsen war, die Feigenkakteen hießen. Aus diesem Kakteendickicht erhob sich eine Zypresse mit einem bleichen, dicken Stamm und einem Wipfel, der sich biegsam in die Bläue neigte. Sie stand wie ein Wächter da, der aufs Meer hinausblickt, oder wie eine Kerze, deren hohe Flamme sich dunkel vom Licht abhebt: als leckte das Dunkel mit einer langen Zunge zum Himmel auf.

Juliet setzte sich neben die Zypresse und zog ihr Kleid aus. Die unförmigen Kakteen schützten sie wie ein häßlicher und doch reizvoller Wald. Sie saß da und bot der Sonne ihre Brust dar: selbst jedoch seufzte sie, wie unter einem starken Schmerz leidend, über die Grausamkeit, sich hingeben zu müssen, aber triumphierend, daß es immerhin kein menschlicher Liebhaber war.

Nicht die einzige Geschichte, die die alte Sehnsucht der Selbstfindung im Süden mit Taormina verbindet. In André Gides Roman *Der Immoralist* (1902) wirft der Held, ein eher verklemmter Archäologe, durch eine Krankheit gezwungen, auf Reisen zu gehen, gerade in Sizilien, in Syrakus und Taormina Bildungsballast ab, entdeckt seine echte Haut:

Als ich in Syrakus und später meine Studien wiederaufnehmen wollte, mich wie ehedem in die penible Erforschung des Vergangenen vertiefen wollte, entdeckte ich, daß mir irgend etwas den Geschmack daran vielleicht nicht genommen, aber zumindest geschmälert hatte; es war das Bewußtsein der Gegenwart ...
Meine Gelehrsamkeit, die sich bei jedem Schritte regte, war mir im Weg, behinderte meine Freude. Ich konnte kein griechisches Theater, keinen Tempel betrachten, ohne ihn sogleich im Geist zu rekonstruieren. Jede Ruine, die an der Stelle eines antiken Festes übriggeblieben war, ließ mich darüber trauern, daß es tot war; und mir graute vor dem Tod.
Ich kam so weit, daß ich die Ruinen floh, daß ich den schönsten Monumenten der Vergangenheit diese niederen Gärten vorzog, die man Latomien nennt, wo die Zitronen die herbe Süße der Orangen haben, und die Ufer der Kyane, die zwischen den Papyrusstauden noch so blau fließt wie an dem Tag, da sie Proserpina beweinte ...
Nicht länger war ich das kränkliche und fleißige Wesen, auf das meine frühere, ganz starre und enge Moral paßte ... ich widmete mich wollüstig mir selbst, den Dingen, dem Ganzen, das mir göttlich schien. Wir hatten

Syrakus verlassen, und ich lief den steilen Weg hinauf, der von Taormina nach Mola führt, und schrie, um es in mir aufzurufen: Ein neues Wesen! Ein neues Wesen!

Manche verschüchterte das sinnliche Fluidum Taorminas eher. Wie Emil Nolde, der, noch nicht arriviert, für den Winter 1904/5 nach Taormina ging, wohl mit dem Hauptziel, seiner kranken Frau, der Dänin Ada Vilstrup, Heilung zu verschaffen. Auch künstlerisch scheinen ihn die Ruinen und die Landschaft eher in seiner expressionistisch-nordischen Entwicklung irritiert zu haben. Wie die Italiener, die ihm als herzlose Ehemänner, »maffiöse Räuber«, oder gefährlich ausschweifende »junge losgelassene Taorminafrauen ... mit ihren großen wogenden Brüsten« in Erinnerung blieben. Da fühlte er sich doch wohler im Kreise dänischer und norwegischer Zugvögel oder wenn der Kaisersohn Eitel Friedrich in seine bescheidene Ausstellung platzte. Doch ganz konnte er zumindest der Versuchung des Beobachtens und Berichtens nicht widerstehen:

Auf der Piazza San Dominico [sic!] vor dem Altan unseres Hauses lagerten immer, Karten spielend oder lang und faul hingestreckt, eine Anzahl Jungs umher, braune halberwachsene Jungens. Wir sprachen mit diesen mit Zeichen und Kupfermünzen, und wußten anfänglich nicht, wie abwegig die schönen Knaben waren. Harmlos hörten wir zu, wenn im Nachbargarten bei Orgienfeier Tarantella getanzt wurde und zuweilen über die Mauer hinaus die nackten Oberkörper der Jünglinge sichtbar waren.

Gut möglich, daß dieselben Jünglinge Thomas Mann fünfzig Jahre später, bei einem verregneten und mißlungenen Aufenthalt, als »Knabenbilder, mäßig verlockend, in Schaufenstern« gesehen hat (Tagebuch, 16. 2. 1954).

Und auch heute entgeht ihnen der Reisende nicht, den einheimischen Modellen, die Wilhelm von Gloeden (1856 bis 1931), Pionier der Plein-Air-Fotografie, in Aktaufnahmen antike Sujets posieren ließ. Der »Baron von Taormina«, in Schloß Wolkshagen bei Wismar geboren und zunächst aus Krankheitsgründen in den Süden gezogen, fand, »in die Welt der bukolischen Schäfer und Polyphems versetzt«, dort in Sizilien die Verwirklichung eines Knabentraums.

Der dritte im Preußentrio produzierte die ersten Ansichtspostkarten seiner Wahlheimat, bewirtete Oscar Wilde, der ihm gern beim Bekränzen der Modelle assistierte, und verschaffte in über fünfzig Taorminajahren und siebentausend Aufnahmen dem verschlafenen Bergdorf die Fama mythischer Ausschweifungen. Eigentlich unbezahlbar.

Das »Disneyland der Sünde«, wie es ein amerikanisches Journal griffig formulierte, lockte – nach einem Intermezzo als Hauptquartier des deutschen Siziliengeneralstabs – nicht nur die Idole Hollywoods samt Entourage. Tennessee Williams und Truman Capote schrieben sich zwischen Bourbons und Beschimpfungen entzückter Inselgräfinnen ihre Wut auf Amerika vom Leibe, Cocteau flirtete mit Jean Marais, die Rockefellers, Vanderbilts und Fords schlürften ihren Mandelwein in der gleichen *Wunderbar* wie König Faruk von Ägypten und seine niederländische Kollegin Juliane. Und Greta Garbo soll, so munkelt man, nach ihrem Abschied vom Film immer wieder inkognito im Haus eines Freundes untergeschlüpft sein, bleich, wie sie kam, scheidend. Liz Taylor zertrümmerte hingegen in aller Öffentlichkeit, d. h. in der Bar des *S. Domenico*, eine Gitarre auf dem Kopf von Richard Burton.

»Auf dieser Felsterrasse zwischen den beiden Golfen, am Fuß der Berge, ist alles versammelt, was die göttliche Erde an Vollkommenem zu bieten hat: Taormina ist in Sizilien das, was Sizilien in der Welt ist«, schwärmte Roger Peyrefitte.

Und dann plötzlich Ende der 60er Jahre war alles vorbei. Taormina wurde auf einmal fürchterlich *démodé*. Das Casino schloß seine Pforten, und die spärliche Prominenz, die hin und wieder noch vorbeischaute, wie Willy Brandt, Franz Josef Strauß oder Ernst Jünger, konnte nicht darüber hinwegtäuschen, daß die elitäre Magie verflogen war. Die mondänen Fremden, die in Taormina lebten, hatten sich zurückgezogen und die Einheimischen mit ihren sommerlichen Nachfolgern, den leicht von der Höhenlage genervten Badetouristen, allein gelassen.

Tour

Geleng, der mit einer Taorminesin verheiratet war und es bis zum Vizebürgermeister brachte, liegt auf dem katholischen Friedhof bestattet; von Gloeden, dessen fotografischer Nachlaß 1939 bei einer Polizeirazzia dezimiert wurde, auf dem akatholischen. Von den Taorminabildern Noldes hat sich nichts erhalten. Zehntausende Besucherunterschriften vom bescheidenen Pensionsgast bis zu Präsidenten und Monarchen sind hingegen in den legendären Gästebüchern des *Caffé Blandano* in Castelmola zu bestaunen. In den zwei Hotellegenden, dem *S. Domenico* und dem frisch renovierten *Timeo*, nostalgischen Originalschauplätzen der Belle Époque, hat sich mittlerweile auch eine betuchte italienische und sizilianische Klientel etabliert. Die Casa Cuseni, für die Sir Frank Brangwyn, führender Exponent der Arts-and-Crafts-Bewegung, 1910 ein Jugendstileßzimmer entwarf und ausmalte, befindet sich hingegen noch immer in britischem Privatbesitz. Im Bahnhof unten bei Giardini-Naxos, in dem einst der Taorminaexpreß hielt, könnte man einen Jahrhundertwendefilm drehen. Und Preußens Gloria ist noch nicht ganz verweht: Wenn die Einheimischen im Februar unter sich sind, feiern sie schon einmal nach Großväter Sitte einen *Carnevalen Tedescen*.

Schwertfisch und Sirenen

Il Mare di Sicilia

Der Charybde Geheul – Fischer in Acitrezza – Von Schwertfischen und Sirenen –
Kochen mit Ernst Jünger

198

_____ »Das Meer! Das Meer um Sizilien ist das farbigste, das romantischste von allen, die ich je gesehen habe.« Trotz Tomasi di Lampedusas Schwärmerei, das Meer war für die überwiegende Mehrzahl der inselbewohnenden Sizilianer immer etwas Fremdes, ja Unheimliches. Sie leben, wie Sciascia einmal sagte, mit dem Rücken zum Meer. Vom Meer kamen die Fremden, die Eroberer, die Geschäftemacher, die Piraten. Wer das Meer beherrschte, beherrschte Sizilien. Vom Meer kam Odysseus, der Polyphem blendete, kamen die arabischen, normannischen und garibaldinischen Invasoren; an der nicht verteidigten, sondern nur mit Wachttürmen bestückten Küste konnte jahrhundertelang jeden Moment ein türkisches oder nordafrikanisches Kaperschiff auftauchen, Mord, Plünderung, Vergewaltigung und Sklaverei mit sich bringend. An der Küste, im Tiefland drohte obendrein Malaria. Schon deswegen wohnten die Sizilianer lieber nicht am Strand, sondern zogen, wie seit sikulischen Frühzeiten, die Berggipfelstädte, die über den Feldern und Weiden lagen, vor. Ausnahmen bildeten lediglich die großen, wohlbefestigten Hafenstädte sowie winzige, armselige, meist in Buchten versteckte Fischerdörfer. Doch vielerorts, wo sich heute Fischlokale und Ferienhäuser drängen, wie etwa in Selinunt, war früher, vor zweihundert Jahren, nicht etwa ein Dörfchen, sondern nichts. Menschenleer, man mied die Küste, denn sie bedeutete Gefahr.

Schon immer hatte man Angst vor dem *Mare di Sicilia*. Die Griechen, erprobte Seefahrer, fürchteten keinen Punkt des Mittelmeers so wie die Meerenge zwischen Sizilien und Kalabrien, den *Stretto di Messina*. Die Strudel dieses an seiner schmalsten Stelle ganze drei Kilometer breiten Meeresgrabens, wo das Ionische auf das Tyrrhenische Meer prallt und Turbulenzen durch deren wechselnde Höhe entstehen, zogen manches Schiff in den Abgrund. Eine der schauerlichsten Episoden der homerischen Odyssee beschreibt die verlustreiche Durchfahrt durch den von den Meerungeheuern Skylla und Charybdis bedrohten Sund:

Diese Höhle bewohnt die fürchterlich bellende Skylla,
Deren Stimme hell, wie der jungen saugenden Hunde
Winseln, tönt, sie selbst ein greuliches Scheusal, daß niemand
Ihrer Gestalt sich freut, wenn auch ein Gott ihr begegnet.
Siehe, das Ungeheuer hat zwölf abscheuliche Klauen
Und sechs Häls' unglaublicher Läng', auf jeglichem Halse
Einen gräßlichen Kopf, mit dreifachen Reihen gespitzter,
Dichtgeschlossener Zähne voll schwarzen Todes bewaffnet.
Bis an die Mitte steckt ihr Leib in der Höhle des Felsens,
Aber die Köpfe bewegt sie hervor aus dem schrecklichen Abgrund,
Blickt heißhungrig umher und fischt sich rings um den Felsen
Meerhund' oft und Delphine und oft noch ein größeres Seewild
...
Seufzend ruderten wir hinein in die schreckliche Enge:
Denn hier drohete Skylla, und dort die wilde Charybdis,
Welche die salzige Flut des Meeres fürchterlich einschlang.
Wenn sie die Flut ausbrach: wie ein Kessel auf flammendem Feuer,
Brauste mit Ungestüm ihr siedender Strudel, und hochauf
Spritzte der Schaum und bedeckte die beiden Gipfel der Felsen.
Wenn sie die salzige Flut des Meeres wieder hineinschlang,
Senkte sich mitten der Schlund des reißenden Strudels, und ringsum
Donnerte furchtbar der Fels, und unten blickten des Grundes
Schwarze Kiesel hervor. Und bleiches Entsetzen ergriff uns.
Während wir nun in der Angst des Todes alle dahin sahn,
Neigte sich Skylla herab und nahm aus dem Raume des Schiffes
Mir sechs Männer, die stärksten an Mut und nervigten Armen.
Als ich jetzt auf das eilende Schiff und die Freunde zurücksah,

Da erblickt' ich schon oben die Händ' und Füße der Lieben,
Die hoch über mir schwebten; sie schrien und jammerten alle
Laut und riefen mir, ach, zum letzten Male! beim Namen.
…
Dort an der Höhle fraß sie das Ungeheuer, und schreiend
Streckten jene nach mir in der grausamsten Marter die Händ' aus.
Nichts Erbärmlicheres hab ich mit meinen Augen gesehen,
So viel Jammer mich auch im stürmenden Meere verfolgte!

Übrigens: »In der Charybde Geheul« versank auch Schillers
»Taucher«, ein Stoff, der auf *Cola Pesce*, eine sizilianische Ballade von einem Fischmenschen, zurückgeht. Und von »des
Meeres Hyäne«, einem apokalyptischen Riesenhai in diesen
Gewässern, handeln die fast 1300 Seiten von *Horcynus Orca*
(1975), dem verschlüsselten Fischerroman des »sizilianischen
James Joyce« Stefano d'Arrigo, der noch immer auf seine
Übersetzung wartet.

Nicht nur den Taucher lockte das gefährliche Meer. Die
Küsten zwischen Sizilien und Tunesien sind heute noch die
fischreichsten des Mittelmeeres. Die kleinen Fischersiedlungen Siziliens waren, anders als die Agrostädte der Bauern und
Landarbeiter, frei, aber arm. Der Fisch war ihr täglich Brot,
er mußte täglich neu gefangen werden. Auch bei gefährlichem
Wetter, auch mit morschen Booten. Giovanni Verga hat das
Schicksal so einer sizilianischen Fischerfamilie zu einem
Roman der Weltliteratur gemacht. Die *Malavoglia* spielt in
Acitrezza, jenem Fischerdorf, dem Polyphem einen Lavabrocken in ohnmächtiger Wut vor den Strand schleuderte.
Trotz verzweifelter Anstrengungen gerät die Familie ins
Elend und verliert schließlich ihr Schiff, die Existenzgrundlage. 1947/8 hat Luchino Visconti in einem Klassiker des
Neorealismo Vergas Stoff am Originalschauplatz mit Laiendarstellern verfilmt: *Die Erde bebt (La terra trema)* fängt
in dichten Schwarzweiß-Bildern die Atmosphäre ein, als
Fischer noch barfuß gingen.

»Was hat das zu bedeuten, daß das Meer manchmal grün ist, manchmal blau und manchmal weiß, und dann ist es wieder schwarz wie die Basaltklippen, und niemals hat es die Farbe vom Wasser, wo es doch aus Wasser besteht?« frug Alessi.

»Gott hat es so gewollt«, antwortete der Großvater, »so weiß der Seemann, wann er ohne Furcht aufs Wasser gehen kann und wann lieber nicht.«

...

»Wenn ihr es wißt, daß es regnen wird, warum gehen wir dann heute wieder aufs Wasser?« frug ihn 'Ntoni. »Wär' es nicht besser, noch ein paar Stunden im Bett zu bleiben?«

»Wasser vom Himmel, Sardellen im Netz!« antwortete der Alte.

'Ntoni fluchte wie der Teufel, er stand bis zu den Knien im Wasser.

...

Plötzlich war es so finster geworden, daß auch Fluchen nicht mehr half.

»Ich hab' so das Gefühl, daß wir heute abend unseren Fang dem Teufel werden lassen müssen.«

Aus Acitrezza ist das malerische Elend verschwunden. Dafür fahren Catanesen und Taormitaner mit Leidenschaft zu seinen Fischtrattorien von raffinierter Einfachheit, wie fangfrischer Fisch überhaupt der Stolz der sizilianischen Küche ist. Anlaß, Ernst Jünger als begnadeten Kochbuchautor zu entdecken. In seinem Reisebericht »Aus der Goldenen Muschel« (1929) plaudert er kenntnisreich über Meeresgetier und verrät das halborientalische Rezept der berühmten palermitanischen *pasta con sarde:*

Im Garten, in dem signora Bosco an einem offenen Herd kocht, hatte ich ihr ein wenig zugesehen und das umständliche Rezept notiert. Es läuft im wesentlichen darauf hinaus, daß eine besondere Sorte von Makkaroni mit zwei verschiedenen Saucen und einer großen Menge von Sardinen zu einer Einheit verbunden wird. Die eine dieser Saucen wird aus einem Sud von Fenchel entwickelt, der aber keineswegs in den Gärten, sondern als Wildkraut im Gebirge geerntet werden soll. Dann spielen noch eine besondere Rolle in Öl gesottene Schalotten, im Wasserbade zu einer Creme gekochte Sardinen, Rosinen, Pinienkerne und Safran, soviel man mit drei Fingern faßt und der zuvor am Feuer getrocknet werden muß. Die Mahlzeit gibt eine Quintessenz der Landschaft; zu ihr vereinen sich die Fische des Meeres mit dem reinen Mehl, dem Saft der Ölfrucht und den getrockneten Trauben der fruchtbaren Ebene, während Fenchel und Piniensamen die Würze der Berge hinzufügen.

Der wirtschaftlich ertragreichste Fang war jahrhundertelang der Thunfisch. Schon die Normannen hatten Fischereirechte an den *tonnare* vergeben, »so weit eine Armbrust schießen kann«. Die meisten der fast sechzig Fangstationen, die es im 18. Jahrhundert gab, sind heute verfallen. Lediglich auf der ägatischen Insel Favignana finden noch traditionelle Thunfischjagden *(mattanze)*, wie sie beispielsweise Roberto Rosselini in *Stromboli* verfilmt hat, statt. Stammgäste sind inzwischen japanische Thunfischmetzger, die Höchstpreise für den blauen sizilianischen *Tonno* zahlen: Sushifeinschmecker finden ihn unvergleichlich aromatischer als den quecksilberbelasteten pazifischen.

Während Thunfische meist als Rudel in Stellnetze gelockt werden, müssen Schwertfische *(pesce spada)* nach wie vor einzeln harpuniert werden. Sie könnten zwar die modernen Plastiknetze mit ihrem Schwert nicht mehr zerfetzen, aber würden sich hoffnungslos darin verheddern und unbrauchbar werden. Flora Volpini hat, eine alte Volkslegende aufnehmend, die Qual so eines harpunierten Tieres zu einer ergreifenden Liebesgeschichte umgestaltet:

So sprach ein Schwertfisch. Wenn ich an die glücklichen Momente zurückdenke, zweifle ich, daß ich sie je erlebt habe.
Eines Morgens, alles vergessend, schwamm ich sanft, neben meiner Frau, die vor Liebe seufzte.
Plötzlich gepackt, hing sie am Haken; zwei Stunden schlug sie sich in einem verzweifelten Kampf, ohne daß ich ihr helfen konnte. Sie brachen ihren Widerstand, mit der Harpune und dem Fischstachel.
Gedemütigt von meiner Ohnmacht zu handeln, erlebte ich ihre Marter weinend; das Salz meiner Tränen mischte sich mit dem Meer.
Um sie das Zucken der Harpune weniger schmerzhaft empfinden zu lassen, erinnerte ich sie an die Zeiten, als wir satt von Sardinen Siesta hielten, treibend auf den Wogen, wie wir den Schiffen hinterhertollten, an das Untertauchen, um gleich wieder an die Oberfläche zu kommen, den Rücken rollend, daß es herum aufschäumte, das Vergnügen, Löcher ins ruhige Meer zu schwimmen.
Aber vielleicht war solche Heiterkeit nur dazu da, um uns von unserer Liebe abzulenken, als ob es uns zugestanden wäre, bis zu diesem Punkt zu lieben und nicht weiter.
Mir zuhörend, färbte sie das Meer rot: Nun kraftlos geworden, ließ sie sich willig ziehen. Ich folgte ihrem Kielwasser, das Meer anflehend, daß es uns den Sturm zu Hilfe schickte; niemals sah ich es so ruhig wie an jenem Tag, und die Möwen freuten sich darüber.
Als sie ihren hilflosen Körper auf das Boot hievten, war die Sonne verschwunden. Ich schwamm ihr hinterher, ziellos, ohne das Ufer zu bemerken, das näher kam. Dann machten sich alle rund um meine Frau zu schaffen, um das Gewicht und die Länge abzuschätzen: die Ragazzi

kamen und gingen, einige spielten mit ihrer Klinge. Eine Alte hörte auf, Netze zu flicken, um die Vorhersehung zu preisen.

Als sie Hand an die Messer legten, konnte ich nicht widerstehen: mit einem Sprung schnellte ich mich in den Sand neben sie.

Das Meer, eine Gegenwelt, voller Geheimnisse, wie die blutroten Seeigel, die, roh ausgeschlürft, zu den Delikatessen der sizilianischen Küche zählen. Ein Seeigelessen, in Turin arrangiert, bildet in Tomasi di Lampedusas »Sirene«, die auch die Geschichte zweier in den Norden verschlagener Sizilianer ist, den Anstoß zu einer ungleichen Männerfreundschaft. Der alte Senator La Ciura, akademische Eminenz, Hagestolz und sarkastisches Rauhbein, erzählt einem jungen Landsmann, warum er nur einmal geliebt hat: als Student auf dem sizilischen Meer – Mysterium der See:

Ich war erst eben wach geworden und sogleich ins Boot gestiegen; wenige Ruderschläge hatten mich von den Kieseln des Strandes weggebracht, und ich hielt nun unter einem großen Felsen, dessen Schatten mich vor der Sonne schützen sollte; diese stieg schon, von schönem Ungestüm schwellend, empor und verwandelte die Weiße des morgendlichen Meeres in Gold und Blau. Ich deklamierte; da spürte ich, wie sich rechts hinter mir der Rand des Bootes jäh senkte, als hätte sich jemand darangeklammert. Ich drehte mich um und sah – sie: aus dem Meer tauchte das glatte Gesicht einer Sechzehnjährigen, zwei kleine Hände packten den Bootsrumpf. Dieses junge Wesen lächelte, die bleichen Lippen waren leicht geöffnet und ließen kleine Zähne sehen, spitzig und weiß wie Hundezähne ... Dieses Lächeln war der erste Zauber, den sie auf mich ausübte: es offenbarte mir Paradiese einer vergessenen Heiterkeit. Von dem wirren, sonnen-

farbenen Haar troff das Meerwasser über die weit geöffneten grünen Augen, über die Züge, die von kindlicher
Reinheit waren. Wie es jeder andere getan hätte, wollte ich glauben, ich
wäre einer Badenden begegnet; ich bewegte mich vor-
sichtig vorwärts, bis ich in gleicher Höhe mit ihr war, ich
bückte mich, ich streckte die Hände aus, um ihr herauf-
zuhelfen. Aber sie tauchte mit erstaunlicher Kraft senk-
recht aus dem Wasser bis zum Gürtel auf, schlang mir die
Arme um den Hals, hüllte mich in einen nie verspürten
Duft und ließ sich ins Boot gleiten: unterhalb der Leisten, unterhalb der Gesäßmuskeln war ihr Leib der eines
Fisches, bekleidet mit winzig kleinen, perlmutterfarben
und blau schimmernden Schuppen; er endete in einen
zweigeteilten Schwanz, der langsam den Boden des
Bootes schlug. Es war eine Sirene.

Tour
Vier Prozent der Sizilianer arbeiten in der Fischerei und erbeuten siebzehn Prozent
des italienischen Fischfangs. Die größten Fangflotten sind in Mazzara del Vallo statio-
niert. Aber da der einheimische Markt frischesten Fisch fordert, gibt es immer noch
viele kleine Familienboote, die den Fang der letzten Nacht am Morgen verkaufen. Beim
Besuch der überquellenden Fischmärkte in den Altstädten von Palermo und Catania
drängt sich unwillkürlich die Redensart von den »Schätzen des Meeres« auf. Vielleicht
hat man auch Gelegenheit und Nerven, einer der Thunfischschlächtereien auf den ägatischen Inseln zuzusehen – verlassene *tonnare*-Schuppen liegen hingegen unterhalb
des herrlichen Küstenwanderwegs im *Parco dello Zingaro* zwischen Castellamare und
S. Vito lo Capo. Praktisch leergefischt sind die einst bedeutenden Korallenbänke – Lampedusa hat als Knabe im Urlaub auf Favignana sich noch damit vergnügt, die Splitter
zu sammeln. Im Museo Pepoli in Trapani sind die Meisterstücke der längst eingegan-
genen Korallenschnitzerzunft, die im 18. Jahrhundert für den prunkvollen Besatz litur-
gischer Stoffe und Geräte berühmt war, gesammelt, darunter ein blutroter Kruzifixus.
Skylla und Charybdis gibt es immer noch als topographische Namen. *Cariddi* ist eine
Landzunge auf Sizilien beim Capo Peloro und *Scilla* sogar ein Städtchen in Kalabrien.
Gegen Seenot empfiehlt sich übrigens, den kalabresischen Heiligen Franziskus von
Paula (1416–1507) anzurufen, von dem glaubhaft versichert wird, daß er einst auf sei-
nem Mantel stehend die Straße von Messina unbeschadet überquert habe.
Es ist Zeit, sich in einem Boot auf dem Meere treiben zu lassen. Etwa vor den Lipari-
schen Inseln, Pantelleria, Lampedusa oder Ustica. Und vielleicht summt man unter-
wegs auch einmal den wiegenden Rhythmus eines »Sizilianischen Schifferliedes«, das
Herder 1788 nach Deutschland gebracht hat: »O du fröhliche, o du selige ...«

Das Land, wo der Teufel sein Weib nahm

Sizilianische Mythen

Der Totengott auf der Blumenwiese – Die gehetzte Arethusa – Raubehen – Eryxberg und Marmorvenus – Die Großen Mütter von Palermo

_____ Sizilien ist eine klassische Landschaft der griechischen Mythologie. Demeter und Persephone, die Aphrodite vom Eryxberg, der Windgott Aiolos, Odysseus und Polyphem, die Sonnenrinder des Helios, Daidalos, Charybdis und Herakles belegen, daß Trinakria, das Eiland der »drei Kaps«, keine Randprovinz der hellenischen Sagenwelt war, sondern konstitutiver Bestandteil. Ohne die sizilischen Legenden wäre der griechische Mythos ein Torso.

Sizilien ist wie das nahegelegene Malta eine Insel der *Magna Mater*, der Großen Mutter, auf der seit der Steinzeit das weibliche Prinzip des Gebärens und der Fruchtbarkeit in mächtigen Frauengöttinnen verehrt wurde. Das Eiland der Erdmutter, der Demeter, des Weizens und der fetten Ernten. Viele Vegetationskulte umkleiden den Wechsel von Sterben und Geborenwerden, gleich dem Getreide, das in die Erde versenkt wird und neu aufsprießt, mit chthonischen Mythen von sterbenden und wiederauferstehenden Gottheiten. Der berühmteste dieser Art ist im Herzen Siziliens am Ufer des Pergusasees bei Enna angesiedelt. Den Raub der mädchenhaften, blumenpflückenden Kore-Persephone (lat. Proserpina) durch den Gott der Unterwelt, den Höllenfürsten Hades besingt Homer in einem Hymnos:

Fern von Demeter, der golden Behängten, mit Früchten Geschmückten,
Trieb sie ihr Spiel mit Okeanos' üppigen Töchtern und pflückte
Blumen, Rosen, Narzissen, Krokos, Iris und schöne
Veilchen und Hyazinthen im weichen Polster der Wiese ...
Sproßten doch dort gleich hundert Blütenköpfchen aus einer
Wurzel; lieblichste Düfte erfüllten das lachende Weltall,

Droben den breiten Himmel, die Erde, die schwellende Salzflut.
Zauberumsponnen will sie mit beiden Händen die Schönheit
Raffen: Da barst die von breiten Straßen durchzogene Erde
Plötzlich in Nysas Gefild; hochauf mit unsterblichen Rossen
Stürmte der Herrscher, der Wirt der Vielen, der vielfach Benannte,
Sohn des Kronos, raubte das Mädchen trotz Jammers und Sträubens,
Führte sie weg auf goldnem Gespann. Ihr schrilles Gekreische
Rief den Kroniden, den Höchsten, den Besten, den Vater. Vergeblich!
Sterbliche hörten es nicht und nicht die unsterblichen Götter,
Auch kein Ölbaum, prangend von Früchten ...

Je veux voir la patrie de Proserpine, et savoir un peu pourquoi le diable a pris femme en ce pays-là – Das Land, wo der Teufel sein Weib nahm, wie Paul Louis Courier elegant in einem Brief vom 15. April 1806 aus Reggio di Calabria formulierte, vielleicht auf mittelalterliche Illustrationen dieses Mythos zurückgreifend. Demeter, die Mutter, aber irrt verzweifelt durch die Welt, bis sich Zeus ihrer erbarmt und ihr die geraubte Tochter zuspricht. Marie Luise Kaschnitz hat das Glück des Wiedersehens und die schicksalhafte Verstrickung von Tod und Eros nachempfunden:

In jubelnder Freude vollzieht sich das Wiedersehen ...
Dennoch mischt sich in die Freude des Beisammenseins
ein sonderbares Gefühl der Furcht. Die Ursache solcher
Bedrückung wird bald enthüllt, es ist die Frucht, die Persephone im Schattenreich genossen hat, der Granatapfel,
den Aides ihr beim Abschiede bot, und der vieles bedeutet, Fruchtbarkeit und Vergehen, Liebe und Tod. Demeter fühlt, daß sich die Tochter bei aller Wiedersehens-
freude schon zurücksehnt nach der Frucht der Liebe, die
sie gekostet, nach dem dunklen Gotte, der sie ihr bot.
Schon sieht sie in den Augen des Mädchens einen fremden Glanz, etwas von der Finsternis des unteren Reiches,
eine Vorahnung jenes Bildes der strengen Totenrichterin,

unter dem Persephone einst den Göttern und Menschen
zu erscheinen bestimmt ist.

Gewalt ist ein archetypisches Verhaltensmuster in zwischen-
göttlichen Beziehungen. Ovid schildert die Vergewaltigung
der badenden Nymphe Arethusa durch den Flußgott Alphaios,
die erst im letzten Moment durch ihre Metamorphose ver-
eitelt wird. Das entkommene Opfer sprudelt noch heute als
Quelle auf der Insel Ortygia in der Altstadt von Syrakus.

... entgürtet,

Lege mein zartes Gewand einer krummen Weide ich auf und
Tauche ich nackt in die Flut. Dieweil ich in dieser mich tummle
Und auf mancherlei Art die Arme strecke und werfe,
Hör' ich, ich weiß nicht was für ein Murmeln her aus den Wassern;
Und ich erklimme erschreckt den Rand des näheren Ufers.
»Ho, Arethusa, wohin?« so hatte Alpheus gerufen,
Noch einmal: »Ho, wohin?« aus den Wellen mit dröhnender
Stimme.
Ohne Gewand, wie ich war, so floh ich. Am andern Ufer
War geblieben mein Kleid. Desto mehr und brennender drängt er;
Und, weil ich nackt war, sah er mich an als leichtere Beute.
So lief ich, und so verfolgte er mich, der Wilde,
Wie mit ängstlichem Fittich die Taube den Habicht zu fliehen,
So wie der Habicht pflegt zu bedrängen die ängstlichen Tauben.
Bis nach Orchomenus, Psophis, zum Berg Cyllene, dem Wald des
Maenalus, weiter zum Fluß Erymanthus, dem kühlen, nach Elis
Hielt ich zu laufen aus, und er war nicht schneller als ich war.
Doch ihm an Kräften nicht gleich, vermochte ich weiter den Lauf
nicht
Mehr zu ertragen, und er war langer Mühe gewachsen.
Dennoch bin ich über Felder und baumbestandene Berge,
Klippen, Gestein und, wo kein Weg zu sehn, ich gelaufen.
Hinter mir stand die Sonn'. Vor den Füßen sah einen langen
Schatten ich rücken – sofern nicht nur die Furcht ihn gesehn hat.

210

Aber gewißlich schreckte der Hall seiner Schritte, es wehte
Mächtig sein Atem schon das ums Haar mir flatternde Band an.
»Hilf!« so rief ich, erschöpft von der Mühsal der Flucht, »o Diana,
Mir, die die Waffen dir trug, und der du oft deinen Bogen,
Oft die im Köcher bewahrten Geschosse zu tragen gegeben!«

Eine sozialpsychologiche Abschweifung zum Frauenraub:
Ältere Guiden erzählen manchmal von der »Sizilianischen
Raubehe«. Ein irreführender Ausdruck, hinter dem sich
die noch nicht ganz verschwundene *fuitina* verbirgt. Diese
»kleine Flucht« bedeutet nichts anderes, als daß ein junges
Mädchen (meist unter klammheimlicher Billigung oder gar
Unterstützung durch die Verwandtschaft) mit einem Ragazzo
durchbrennt (sich rauben läßt). Da sie nun entehrt ist, kann
niemand mehr etwas gegen die Ehe einwenden, auch wenn
die gebotene Mitgift oder Brautgabe zu gering ist. Ein Ven-
til für wirtschaftlich ungleiche Liebespaare, um ohne Presti-
geverlust für die Familien zusammenzukommen ...

Wir kennen die Namen der großen Göttin der Jungsteinzeit nicht. Die Antike hat sie an verschiedenen Kultorten mit
verschiedenen weiblichen Gottheiten und Aspekten des Frau-
seins gleichgesetzt, auf dem Eryxberg mit der Göttin der Liebe, der phönizischen Astarte und griechischen Aphrodite –
und somit der Mutter des Äneas. Maupassants geschultem
Pariser Blick erschien diese Göttin leibhaftig auf Sizilien –
nicht ganz in Fleisch und Blut, aber doch sozusagen in Stein
und Blut. Die Venus Landolina, eine glattpolierte Marmor-
statue aus dem Syrakusaner Museum, brachte ihn in Wallung:

Ich betrete das Museum – und da entdecke ich sie am
Ende eines Saales, und sie ist schön, wie ich sie mir
erträumt.
Sie hat keinen Kopf, und ein Arm fehlt. Aber noch nie ist
mir die menschliche Gestalt bewundernswürdiger und
verführerischer erschienen.

Das ist nicht die poetisierte, die idealisierte Frau, auch nicht die göttliche, majestätische Frau, wie die Venus von Milo. Das ist die Frau, so wie sie ist, wie man sie liebt, wie man sie begehrt, wie man sie umarmen möchte.

Sie ist fleischig, die Brust ist kräftig ausgebildet, die Hüfte mächtig geschwungen und das Bein ein wenig schwer – es ist eine sinnliche Venus, die man sich liegend denkt, obgleich man sie stehend sieht. Der abgefallene Arm hat die Brüste verdeckt; mit der anderen Hand hebt sie ein Tuch hoch, mit dem sie – mit einer bezaubernden Gebärde – ihre geheimsten Reize verhüllt. Der ganze sich neigende Leib ist auf diese Bewegung hin gemacht und angelegt, alle Linien sind darauf konzentriert, alle Gedanken darauf gerichtet. Diese einfache, natürliche Bewegung, die so voller Scham und doch auch Schamlosigkeit ist, die alles zeigt und alles verbirgt, die verschleiert und entschleiert, lockt und abwehrt, scheint die ganze Wesensart der Frau auf dieser Erde auszudrücken.

Und dieser Marmor lebt. Man möchte ihn anfühlen, und man ist sicher, er würde nachgeben unter der tastenden Hand – ganz wie lebendiges Fleisch. Die Lenden besonders sind unsagbar lebensvoll und schön. Und mit wieviel Charme entfaltet sich die wellige, fleischige Linie des weiblichen Rückens, die vom Nacken bis zur Ferse reicht und in der Kontur der Schultern, der abnehmenden Rundung der Schenkel und der leichten Krümmung der sich bis zum Knöchel verjüngenden Wade alle erdenklichen Abstufungen menschlichen Liebreizes zeigt.

Sizilianische Götterepiphanien können vielfältige Gestalten annehmen. Vom Zauber der Lampedusa-Sirene (S. 205) zum verwirrenden Schauder, den Dominique Fernandez empfand, als er den Großen Müttern, den »Demetern«, leibhaftig auf dem Markt von Palermo begegnete:

O einzigartige Rasse der *mamme*! Ich glaubte nur schlanke Frauen zu lieben, aber diese hier sind keine Frauen mehr, und es ist möglich, sie auf eine andere, aber kaum mehr humane Weise zu lieben. In diesen engen Gängen, in denen man zwischen zwei Reihen üppiger Gemüseweiber eben aneinander vorbeikommt, braucht man nur seinen Körper der Berührung mit ihrem überquellenden Fleisch zu überlassen, diesen unerschöpflichen Reservoiren von Milch und Nachsicht. Ich lieferte meine Knie aus, meinen Ellbogen und spürte ein unbekanntes Leben, in dem der blinde Genuß der Berührung jeden Ehrgeiz zunichte macht. Berühren, berühren bis zum Überdruß! Berühren und eindringen, berühren und verschwinden! O Weichheit des Fettes, das alles aufzunehmen vermag! Frauen sind sie schon lange nicht mehr (wenn ich eine Palermitanerin schön finde, so ist sie zwischen zwölf und vierzehn Jahren alt). Und Mütter? Sind sie es? Was haben sie für ihre Geschöpfe anderes getan, als sie in die Welt zu setzen? Palermo wimmelt von kleinen Kindern, die mitten auf der Straße spielen, essen, schlafen, pissen, sich selbst überlassen, ohne Aufsicht, ohne Erziehung. Mit zehn Jahren fangen sie an, sich ihren Lebensunterhalt zu verdienen. Erziehung! Welch unsinniger Gedanke in dieser Stadt! Nein, diese auf phantastische Art watschelnden *mamme* leben nur um ihrer selbst willen, in der großartigen Selbstherrlichkeit ihrer urtierhaften Körper. Was alles geht im verborgenen in ihnen vor? Wieviel Verdauung, wie viele Sekretionen, welche Ströme von Flüssigkeit, welche Wasserfälle von Säften? Und über allem diese Milch, die unendliche Milch der Güte, die fließt und fließt ...

Wer die Götter und die Mythen auf Sizilien sucht, der scheint sie auch in unserem Jahrhundert noch zu finden.

Tour

Der Demeterfelsen ragt unterhalb des Castello di Lombardia in Enna auf; aber am Pergusasee, dem einzigen natürlichen der Insel, hat ein umzäuntes Autodrom, modernes Erbe der legendären Bergrallye *Targa Florio,* die homerische Blumenpracht in den angrenzenden Waldtierpark abgedrängt; aus der blauschwarzen Kyane, bei der das Paar in die Unterwelt fuhr, ist die papyrusbestandene Ciane-Quelle bei Syrakus geworden, in der die Plastikflaschen rücksichtsloser Picknicker dümpeln.

Demetersanktuarien, Stätten der Mysterien und des Totenkultes, sind in vielen archäologischen Zonen erhalten: In Selinunt das Temenos der Demeter Malophoros und unterhalb der Rupe Atenea in Agrigent zirka 25 m langen Kultgrotten. Demeter und Korenstatuetten, zumeist aus Terrakotta, füllen die Antikensammlungen ganz Unteritaliens. In Akrai bei Palazzolo Acreide sind überlebensgroße Sitzstatuen der kleinasiatischen Muttergöttin Kybele (3. Jh. v. Chr.) aus dem Fels geschlagen. Maupassants Göttin posiert unübersehbar im modernen Nationalmuseum von Syrakus. Vom Tempel der Eryxvenus, den einst Äneas besuchte, ist hingegen außer abgewitterten Säulentrommeln im Kastell von Erice nichts erhalten. Ebenso, wie es bei den Reisenden endlich etwas aus der Mode gekommen ist, in den heutigen Frauen Siziliens partout die Urmütter suchen zu wollen. Da halte man sich doch besser an die megarische *Kurotróphos* im Museum von Syrakus, die massige, kopflose, bergende »Kindernährerin« des 6. Jahrhunderts v. Chr., die zwei Wickelkinder an ihre Brüste legt.

Der Teufel hingegen, der Nachfolger des griechischen Hades und des römischen Pluto, hat seine Gelüste auf sizilianische Jungfrauen auch in der christlichen Ära nicht aufgegeben, wenn auch – dem Zeitgeist verhaftet – mit spitzer Feder attackierend. Die Domkapitulare von Agrigent hüten eifersüchtig ein einzigartiges Autograph: Den satanischen Brief, den er am 11. August 1676 der Schwester Maria Crocifissa, einer keuschen *gattoparda* aus dem Fürstengeschlecht der Tomasi di Lampedusa, schrieb.

Bildnachweis
Guido Mangold S. 29; Christian Schreibmüller S. 38, 79; Ludwig Windstosser S. 100; G. Veggi/White Star S. 107; Hallwag Verlag (Aus Italiens Küchen, Marianne Kaltenbach/Virginia Cerabolini) S. 184; Süddeutscher Verlag S. 198; Publifoto S. 168; Petschull/Picture Press S. 11; Letizia Battaglia S. 20; I Siciliani S. 63, 177; Giovanni Nastasi S. 115; Josip Giganovic S. 207; Toni Gentile S. 151; Luca Tamagnini S. 71; Massimo Listri/AD/Palermo, S. 91; alle übrigen Fotos hat der Autor zur Verfügung gestellt.

Quellennachweis

Al-Mutabbiq: in: Papa, S.: *I poeti arabo-siciliani. Catania 1973*
Alliata, Vittoria: *Noto*, in: Corrado, Sofia: *Noto. Le pietre sacre del Barocco*. Mailand 1991
Ariosto, Ludovico: *Rasender Roland*, hrsg. v. Lachmann, O. Leipzig 1886
Bartels, Johann Heinrich: *Briefe über Kalabrien und Sizilien. Zweiter Theil*. Göttingen 1789
Borgese, Giuseppe Antonio: *Le Belle*. Palermo 1983
Brancati, Vitalino: *Don Giovanni in Sizilien*. © Diogenes Verlag AG, Zürich 1987
Brydone, Patrick: *Reise durch Sicilien und Malta. Zweiter Theil*. Leipzig 1777
Bufalino, Gesualdo: *Museum der Schatten*. © Verlag Klaus Wagenbach, Berlin 1982, NA 1992
Buttita, Antonio: *Der Mythos Sizilien*, in: Zibaldone Heft 5 (Mai 1988). © Piper Verlag GmbH, München 1988
Cardella, Lara: *Ich wollte Hosen*. © Arnoldo Mondadori Editore S.p.A., Mailand 1989. Für die deutsche Ausgabe: © Fischer Taschenbuch Verlag GmbH, Frankfurt/M. 1990
Consoli, Vittorio: *Amori e Tromboni. Briganti siciliani tra storia e leggenda*. Acireale 1988
Consolo, Vincenzo: *L'olivo e l'olivastro*. Mailand 1994, © Consolo, Vincenzo.
Cornelisen, Ann: *Frauen im Schatten. Leben in einem süditalienischen Dorf*. © 1976 by Ann Cornelisen. Für die deutsche Ausgabe: © Fischer Taschenbuch Verlag GmbH, Frankfurt/M. 1978
Dolci, Danilo: *Racconti Siciliani*. Turin 1971, © Dolci, Danilo.

Dönt, Eugen: *Pindar* (Nachwort), in: Pindar, *Oden*. © Philipp Reclam jun., Stuttgart 1986

Edschmid, Kasimir: *Das Südreich*. © Paul Zsolnay Verlag GmbH, Wien 1933, 1958 u. 1986

Epicharm: *Busiris*, in: Olivieri, Alessandro: *Frammenti della Commedia Greca e del Mimo nella Magna Grecia*. Napoli 1930

Falcone, Giovanni/Padovani, Marcelle: *Inside Mafia*. © by F. A. Herbig Verlagsbuchhandlung, München 1992

Fava, Giuseppe: *Bevor sie euch töten*. © Beck und Glückler, Freiburg 1992. Deutsch von Peter O. Chotjewitz.

Fava, Giuseppe: *Ehrenwerte Leute*. © Beck und Glückler, Freiburg 1990. Deutsch von Peter O. Chotjewitz.

Fava, Giuseppe, in: Bordon, Frida: *Sizilien. Ein Reisebuch in den Alltag*. © Rowohlt, Reinbek 1990

Fernandez, Dominique: *Die Schule des Südens*. © Suhrkamp Verlag, Frankfurt/M. 1993. Deutsch von Maria Dessauer

Gide, André: *Der Immoralist*, in: *Romane und lyrische Prosa*. © Deutsche Verlagsanstalt, Stuttgart 1973

Giovanni, Alessio di: *'Nfernu veru*, in: Grimaldi, A.: *Uomini e immagini dei paesi del zolfo*. Rom 1985

Gori, Mario: *Sud*, in: Pirrera, C.: *Poeti siciliani*. Caltanisetta 1974

Hadmis, Ibn: in: Papa, S.: *I poeti arabo-siciliani*. Catania 1973

Homer: *Odyssee*, hrsg. v. Lautenberger, J. Stuttgart 1781

Jünger, Ernst: *Aus der goldenen Muschel*, in: *Sämtliche Werke. Bd. 6*. © Klett-Cotta, Stuttgart 1982

Kaschnitz, Marie Luise: *Griechische Mythen*. © Claassen Verlag, Hamburg (jetzt Hildesheim) 1947

Lampedusa, Giuseppe Tomasi di: *Der Leopard*. © Piper Verlag GmbH, München 1959

Lampedusa, Giuseppe Tomasi di: *Die Sirene und andere Erzählungen*. © Piper Verlag GmbH, München 1985

Lauretta E./Pitrone A.: *Viaggio nella Sicilia di Pirandello*. Florenz 1984

Lawrence, David H.: *Das Meer und Sardinien. Reisetagebücher.* © Diogenes Verlag AG, Zürich 1985

Lawrence, David H.: *Sonne*, in: *Meistererzählungen*. © Diogenes Verlag AG, Zürich 1985. Aus dem Englischen von Elisabeth Schnack.

Levi, Carlo: *Worte sind Steine. Drei Reisen nach Sizilien*. © Verlag Volk und Welt, Berlin 1960. Deutsche Übersetzung: Caesar Rymarowicz. © Giulio Einaudi Editore, Turin 1955

Malerba, Luigi: *Die nachdenklichen Hühner*. © Verlag Klaus Wagenbach, Berlin 1984

Maraini, Dacia: *Bagheria. Eine Kindheit in Sizilien*. © Piper Verlag GmbH, München 1994

Marretta, Saro: *Sicilia. – Auf der Autobahn in die Antike*. © Edition Hans Erpf, Bern/München 1993

Marx, Karl: New York Daily Tribune 17. 5. 1860

Mazzini, Giuseppe: *Brief* (London 20. 2. 1848), in: *Cento Sicilie*, hrsg. von G. Bufalino. Scandicci 1993

Munthe, Axel: *Das Buch von S. Michele*. © Paul List, München 1956

Orlandos Tod, in: Reimann, Horst und Helga: *Sizilien. Studien zur Gesellschaft und Kultur einer Entwicklungsregion*. © Maro Verlag, Augsburg 1985

Pahlen, Kurt: *La Bohème. Geschichte*, in: Puccini, G.: *La Bohème*. © Wilhelm Goldmann Verlag GmbH, München 1980

Pirandello, Luigi: *Das schwarze Böckchen*, in: *Humoresken und Satiren*. Drei Brücken, Heidelberg 1956

Pirandello, Luigi: *Der Rauch und andere Erzählungen*. Reclam, UB, 8019

Pirandello, Luigi: *Der Tonkrug*, in: *Wie ein Tag*. dtr, München 1976

Pirandello, Luigi: *Geburt*, in: *Caos. Gedanken, Skizzen, Überlegungen*, hrsg. Elke Wendt-Kummer. Sachon, Mindelheim 1987

Pirandello, Luigi: *Rheinische Elegie*, in: *Bonn im Werk von Luigi Pirandello*. © Gunter Narr Verlag, Tübingen [2]1990

Pirandello, Luigi: *Testamento*, in: *Saggi poesie e scritti vari*. Classici Contemporanei. © Mondadori, Mailand 1960 und 1977

Platen, August von: *Ich möchte, wenn ich sterbe...*, in: *Sämtliche Werke. Bd. 2.* Stuttgart 1883

Platen, August von: *Tristan*, in: *Sämtliche Werke. Bd. 1.* Stuttgart 1883

Pyrker, Johann Ladislav: *Tunisias*, in: *Sämtliche Werke. Bd. 1.* Stuttgart – Tübingen 1832

Quasimodo, Salvatore: *Klage um den Süden*, in: *Ein offener Bogen. Ausgewählte Gedichte.* © Piper Verlag GmbH, München 1963

Rahmân, Abd-ar: in: Papa, S.: *I poeti arabo-siciliani.* Catania 1973

Roberto, Federico de: *Die Vizekönige.* © Klett-Cotta, Stuttgart 1992

Rossanda, Rossana: *Die Befreiung der Frauen*, in: Zibaldone Heft 9 (Mai 1990). © Piper Verlag GmbH, München 1990

Sciascia, Leonardo: *La Sicilia come Metafora.* Interview mit Marcelle Padovani. Mailand 1979

Vittorini, Elio: *Gespräche in Sizilien.* © Manesse Verlag, Zürich 1977

Volpini, Flora: in: Prosciutti, O.: *Pagine di scrittori italiani.* Perugia 1978

Wagner, Cosima: *Die Tagebücher. Bd. 2.* © Piper Verlag GmbH, München 1977

Wagner, Richard: *Das Liebesverbot, oder: Die Novize von Palermo.* Aus TB 523: © Breitkopf und Härtel, Wiesbaden 1922

Wagner, Richard: *Mein Leben.* © Paul List, München 1963

Xenophon: *Hieron*, in: Werke Bd. 10. Stuttgart 1869

Klett-Cotta
© J. G. Cotta'sche Buchhandlung Nachfolger GmbH, gegr. 1659,
Stuttgart 1997
Fotomechanische Wiedergabe nur mit Genehmigung des Verlags
Printed in Germany
Umschlag: Klett-Cotta-Design
Gesetzt aus der Janson Text
von Steffen Hahn GmbH, Kornwestheim
Gedruckt auf säure- und holzfreiem Werkdruckpapier
und gebunden von Gutmann, Talheim

Die Deutsche Bibliothek – CIP-Einheitsaufnahme

Peter, Peter:
Sizilien : literarische Entdeckungen im Land,
wo der Teufel sein Weib nahm / Peter Peter. –
Stuttgart : Klett-Cotta, 1997
ISBN 3-608-91772-1

Peter Peter
Christian Schreibmüller

Cucina Siciliana
Vom Essen und Trinken in Sizilien

108 Seiten mit zahlreichen Farbfotos, Leinen

Sizilien – eine Region Italiens, die auf ihre kulinarische
Entdeckung wartet.

Dieses Buch macht Appetit auf die vergessene Küche des
italienischen Südens mit ihrer orientalischen Note. Vielfalt der
Kulturen, Vielfalt der Speisen: Die Insel im Herzen des Mittelmeeres ist es gewöhnt, jahrhundertealte Rezepte neu zu
interpretieren.

Auf der Insel der Eismacher und Nonnenklöster, der
Salzmühlen und Schwertfisch-Räuchereien, der unendlichen
Antipastibuffets und kunstvollen Maccheroni-Aufläufe wird
die Kunst des Gastmahls noch gepflegt.

Heinrich Hugendubel Verlag

MAR TIRRENO

MAR MEDITERRANEO